HOGER | HIGHER | PLUSHAUT

HOGER HIGHER PLUS HAUT

PANORAMISCH ANTWERPEN

DAVIDSFONDS | LEUVEN
ANTWERPEN OPEN
KBC

HOGER | HIGHER | PLUSHAUT. Panoramisch Antwerpen

© 2006, Uitgeverij Davidsfonds NV
Blijde Inkomststraat 79-81, 3000 Leuven
Campagnebeeld en vormgeving: Paul Boudens
Panorama Antwerpen: © Jan Kempenaers

D/2006/0240/51
ISBN 90-5826-424-6
NUR: 648/693

Dit boek is uitgegeven naar aanleiding van de gelijknamige
tentoonstelling **HOGER | HIGHER | PLUSHAUT**,
gehouden in Antwerpen van 16-09 tot en met 3-12-2006.

INHOUD

WOORD VOORAF

In 1914 werden in een brand, ten gevolge van de beschieting van Antwerpen, twee huizenblokken aan de Schoenmarkt vernield. Tussen het puin stonden de resten van een vroeg-16de-eeuwse woning overeind met een typische huis- of pagaddertoren, zoals er vandaag nog enkele getuigen van de trots van rijke patriciërs in de 16de eeuw.

In 1931 is precies op deze puinresten een nieuwe toren herrezen, de Boerentoren, die nu reeds 75 jaar lang samen met de kathedraal de skyline van Antwerpen domineert. De kathedraal en de Boerentoren vormen samen een overspanning van meer dan vierhonderd jaar architectuurgeschiedenis in Antwerpen, twee bakens die vandaag het gezicht van Antwerpen bepalen, twee monumenten die de schakel zijn tussen de populaire redegezichten – in de vroege 16de eeuw vereeuwigd – en de toekomstige uitstraling van de stad waarop mensen via hoogbouw en torens hun stempel zullen blijven drukken.

Torens komen en torens gaan, maar ook de functie van torens verandert en bepaalt mede de geschiedenis van een stad. De Boerentoren was tot diep in de jaren zestig vooral een woontoren. Vandaag maakt hij deel uit van het economische centrum van de stad.

Om de verjaardag van deze art-decotoren in de verf te zetten, hebben wij de eer u het project HOGER| HIGHER|PLUSHAUT voor te stellen, met als trekpleister *Boerentoren en Co.*; een tentoonstelling over de jarige Boerentoren en zijn plaats in het Antwerpse torenlandschap. Aansluitend hierbij organiseren wij in het Rockoxhuis de tentoonstelling *Torenstad*, over de evolutie van het Antwerpse torenlandschap van de 16de tot het begin van de 20ste eeuw.

Maar daar blijft het niet bij. We houden een groots openingsfeest, we organiseren voor het eerst in Antwerpen een heuse Torenrun; Argus, het milieupunt van KBC, zet een Torenwandeling op en verder vieren we het jubileum met nog tal van andere randactiviteiten.

Dit belangrijke evenement is tot stand gekomen dankzij de medewerking van vele handen en daarom richten wij een bijzonder woord van dank aan de curatoren en de artistieke leider van de twee tentoonstellingen, aan alle bruikleengevers, aan het team van Antwerpen Open, aan de medewerkers van Davidsfonds Uitgeverij, aan Stad Antwerpen en Provincie Antwerpen, aan Toerisme Antwerpen, aan de Vlaamse Gemeenschap en aan onze eigen KBC-collega's.

Wij hopen dat HOGER | HIGHER | PLUSHAUT mag bijdragen tot de verdere uitstraling van Antwerpen, een stad met een rijk verleden, maar met een bewuste blik naar de toekomst.

ANDRÉ BERGEN
Voorzitter van het directiecomité KBC Groep

JAN HUYGHEBAERT
Voorzitter van de raad van bestuur KBC Groep

Pieter Bruegel de Oude, *De toren van Babel*, 1563. inv. no. 2443.
Olieverf op paneel; 60 x 74,5 cm. Museum Boijmans Van Beuningen, Rotterdam.

TORENCOMPLEX. EEN SUGGESTIE TOT COLLECTIEVE ONBELEEFDHEID

onbeleefd (bn.) niet beleefd, in strijd (zijnde of handelende) met de wellevendheid: *hij is al een heel onbeleefde kerel; je moet niet voor iemand langs gaan, dat is onbeleefd; een onbeleefd antwoord; iem. onbeleefd antwoorden; zich onbeleefd gedragen.*

Het eerste bezwaarschrift tegen hoogbouw werd ingediend in Babel door Onze-Lieve-Heer toen Hij zag dat men een torenstad aan het bouwen was die tot in de hemel zou reiken. God vond het onbeleefd dat zo dicht tegen zijn huis zou worden gebouwd en Hij besloot iedereen verschillende talen te laten spreken. Het eerste misverstand in de bouw was geboren en de eerste toren werd niet gebouwd.

Wij mogen zeer trots zijn op onze Boerentoren. Hij is immers de eerste wolkenkrabber in Europa. De Boerentoren, geheel volgens Amerikaans model en volledig in rijke art-decostijl. Maar reeds van bij het begin heerste er een dubbel gevoel. Een officiële inhuldiging heeft de Boerentoren nooit gekregen. Geen lintjes doorgeknipt door trotse bouwheren, geen lauwerende speeches door politici of een groots volksfeest bij de oplevering van de hoogste woontoren van de jaren dertig in Europa.

We hebben blijkbaar een moeilijke relatie met torens. Ook andere belangrijke torens hebben nooit een officiële opening gekregen. Het administratieve centrum Oudaan bijvoorbeeld, terwijl dit complex van Renaat Braem, onmiddellijk na de traumatische bezetting van de Tweede Wereldoorlog, toch bedoeld was als een signaal van een sterk en gecentraliseerd bestuur. Er is trouwens ook maar een deel van het oorspronkelijke plan uitgevoerd. De meest tot de verbeelding sprekende toren is helaas niet van de tekenplank geraakt.

Vandaag maken onze torens nog steeds deel uit van een collectief schaamtegevoel. Ze zijn geen elementen van collectieve trots. Bewindslui proberen ze eerder te kortwieken of te slopen. In Brussel worden torens in het centrum afgetopt. De Martinitoren, de belangrijkste laatmodernistische toren in België van architect Jacques Cuisinier is vervangen door banale speculatiebouw. In Antwerpen mag niet hoger dan 65 m gebouwd worden uit vrees dat de torens in de weg zouden staan van de aanvliegroute van de luchthaven van Deurne. Dat in schril contrast met de verkeerslichten op de Krijgsbaan die elke keer op rood springen als er een Cityhopper uit Amsterdam of Londen landt. Vreemde vaststelling als je weet dat er Boeings landen vlakbij het centrum van wereldsteden die wel rijk voorzien zijn van wolkenkrabbers.

Toch zou het bouwen van torens een antwoord kunnen zijn op het hedendaagse vraagstuk van verdichten. Verdichting is het intensiever en optimaler gebruiken van ruimte en staat centraal in het Ruimtelijk Structuurplan Vlaanderen. Hoogbouw als het gestapelde landschap of als een mogelijk alternatief voor de Vlaamse nevelstad. Bij verdichting gaat het niet om een soort van voetgangersdichtheid waar iedereen aan denkt als er gesproken wordt over de compacte stad. Verdichten betekent de aanwezigheid van een groot aantal mogelijkheden op dezelfde plek, een ongelofelijke rijkdom aan ervaringen op een klein stukje grond.

Vandaag worden in het Midden-Oosten megatorens gebouwd op kunstmatig aangelegde eilanden of in het midden van de woestijn. Zelfs de ontwerper van dure maatpakken, Giorgio Armani, bouwt in Dubai een toren die 705 m hoog is met hotels, luxeappartementen, kantoren... Dat zal in 2008 de hoogste wolkenkrabber van de wereld zijn. De Verenigde Arabische Emiraten kun je moeilijk beschouwen als een land met hoge woningnood of een gebrek aan open ruimte. Het bestaat immers voornamelijk uit onbebouwd land, telt amper 2,5 miljoen inwoners en is bijna drie keer zo groot als België. De Armanitoren is duidelijk een signaal aan de hele wereld om te tonen waar de Arabische wereld toe in staat is, dat Dubai trots is en dat wil tonen. De ambitie reikt veel verder dan het huisvesten van functies. Het is een strategische zet om het Midden-Oosten met behulp van spectaculaire architectuur, kunstmatige eilanden in de vorm van palmbomen of miniversies van de continenten op de mentale kaart van de luxetoerist te brengen. Europese steden als Londen en Barcelona hebben sinds kort ook terug torens op stapel staan in na-ijver op de verticale bouwijver in het Midden-Oosten en Zuidoost Azië.

Het is duidelijk dat de keuze om torens te bouwen rationele en functionele argumenten overstijgt. Het is ook ongetwijfeld daardoor dat machthebbers, grote bedrijven en sterke organisaties gedreven door een drang om de tijd te overleven torens bouwen, dat zelfs dictators met hoogbouw trachten de wereld te kneden naar hun visie om te tonen hoe rijk en machtig ze wel zijn. Het heeft ongetwijfeld te maken met de soms perverse propaganda die aan hoogbouw kleeft. Zowel de meer dan 300 m hoge dome die Hitler voor Germania, de hoofdstad van het Derde Rijk, plande, de toren van Stalin voor de Opperste Sovjet in het centrum van Moskou als de hedendaagse hoogbouw van Rem Koolhaas voor de China Central Television in Peking zijn extreme voorbeelden van hoe hoogbouw werd ingezet als actief propagandamiddel van regimes die het niet te nauw nemen met de mensenrechten. Zelfs middelmatige steden of regio's gebruiken hoogbouw om hun territorium internationaal te promoten. Het winnende ontwerp voor een nieuw casinokursaal in Knokke is een meer dan 100 m hoge toren van architect Steven Holl. Graaf Lippens, de burgemeester van Knokke, reageerde enkele jaren geleden furieus nadat bekend werd gemaakt dat er een ecologisch verantwoord windmolenpark kilometers in zee zou worden gebouwd. Hij leek wel blind voor de tientallen windmolens die reeds op de pier van Zeebrugge staan. Het nieuwe windmolenpark in zee zou het comfort van zijn badgasten en het imago van zijn mondaine badstad schaden. Hij koos als winnend ontwerp echter wel een toren. Deze toren komt op het bestaande casinokursaal, zal een deel van het strand permanent in de schaduw leggen, maar zal wel het baken worden van de Belgische kustlijn.

De ambitie om torens te bouwen overstijgt duidelijk rationele argumenten of het voorzien in een functionele noodzakelijkheid. Torens bouwen is je durven tonen, het is savoir-vivre, veel lef, 'goesting' en een gezonde dosis onbeleefdheid.

Laten we dringend terug wat onbeleefder worden.

SVEN GROOTEN
Architect

VUURTOREN

Alles weten we van vuur: [1] hoe laat de zon opkomt,
[2] ondergaat, [3] hoe warm de wereld ergens is,
[4] wanneer vulkanen dreigen, [5] waarom een vlam
pas als het waait naar naaste buren overslaat, [6]
ongevraagd, [7] altijd hongerig naar hout, natuurlijk
vurenhout in het bijzonder, [8] dat kunstenaars
geen leven leiden zonder rood of zwartgeblakerd
hart, en [9] dat er mensen zijn die amper wijzen
of hup daar staat een man of vrouw in lichterlaaie,
[10] er is ook larie, bijvoorbeeld, rosse meisjes
kussen beter en spaanse pepers koken heter, maar
[11] verder is alles opgemeten, uitgerekend, zelfs
van de hel is vastgesteld hoe fijn de as zal zijn
van iedereen, en daarom juist is het verbazend
dat iemand uit een havenstad nog nooit heeft
stilgestaan bij wat het vuur in vuurtorens betekent:
[12] kom hier, [13] wij willen u in deze stad graag zien.

1. Gerrit van Arkel, *De zeven torens van Amsterdam*, begin 20ste-eeuwse prent.
(Uit: W. Kuyper, *Dutch Classicist Architecture*, Delft, 1980. © W. Kuyper, Leiden, Nederland)

2. Titelpagina van Thomas Mores *Utopia*, Leuven, 1516. (Sir Paul Getty KBE, Wormsley Library, Oxford)

3. De skyline van New York, performance van beroemde architecten uit New York in het Hotel Astor op Broadway, 1931.
(R. Koolhaas, Delirious New York, Rotterdam, 1994. © Rem Koolhaas and The Monacelli Press Inc.)

ANTWERPEN TORENSTAD IN HISTORISCH PERSPECTIEF: VAN BENEDICTUS TOT LE CORBUSIER

PIET LOMBAERDE

INLEIDING

Torens hebben mensen altijd geboeid. Maar torens in de stad zijn heel bijzonder omdat ze verband houden met een gemeenschap die zich gedurende eeuwen op welbepaalde plekken in het landschap vestigt. Stadstorens hebben daarom dikwijls een complexe geladenheid, die niet zomaar in symbolen, beelden of functies vertaald kan worden, maar dikwijls met al die eigenschappen samengaat en over de tijd heen ook van eigenschappen kan wisselen.

Dat torens het beeld van de stad in grote mate bepalen en zelfs determineren, is voor ons bijna vanzelfsprekend. Steden worden steeds meer als verzamelingen van torens afgebeeld. Denken we maar aan de talrijke voorstellingen van New York. Torens worden zelfs symbolen voor een heel land en voor waarden zoals vrijheid en vooruitgang, die het vertegenwoordigt. Zo is er het monumentale schilderij van Erastus Salisbury Field, die in 1876 als monument ter ere van Amerika een bos van Babylonische torens vol zuilen verzint.

Maar ook vroeger werden torens als symbolen van de skyline van een stad, of van de stad kortweg, aangewend. Zo gaat de 19de-eeuwse bouwmeester Gerrit van Arkel de stad Amsterdam als verzameling van zeven torens afbeelden, waarvan er zes door Hendrik de Keyser in de 17de eeuw werden opgetrokken. Een moderne parodie hierop is de gekende performance in 1931 van enkele beroemde architecten uit Manhattan, die verkleed in zeven skyscrapers, de stad New York ten tonele brengen in het Hotel Astor op Broadway.

Torens worden in toenemende mate het synoniem van hoogbouw. Soms nemen hoogbouwtorens een volledig bouwblok in, zoals in tal van Noord-Amerikaanse en Zuid-Aziatische steden het geval is. New York, Chicago, Beijing, Shangai en Singapore zijn daar sprekende voorbeelden van. Maar ook in de geschiedenis, vooral vanaf de middeleeuwen, wordt in het voorstellen van steden heel wat aandacht aan torens besteed. Zij zijn op dat ogenblik nog geen woon- of werktorens, maar wel uitkijktorens over de stad en haar omgeving. Van daaruit kan men de stad goed verdedigen, of in die torens klokken hangen die over de hele stad en haar omgeving op gepaste ogenblikken hun klokkengeluid laten horen. Eigenlijk worden die torens de *landmarks* of markeringen van een wel omsloten territorium, dat in toenemende mate zijn eigen rechten verkrijgt en zijn identiteit en onafhankelijkheid met die torens tot uitdrukking brengt. De belforten in vooral Vlaamse en sommige Brabantse steden zijn daar sprekende voorbeelden van.

In deze bijdrage wordt op een aantal van die eigenschappen van torens ingegaan. Niet zozeer een chronologische, dan wel een functionele lijn wordt in de bespreking volgehouden. Het valt immers op dat bij de beschrijving van torens, en in het bijzonder de torens van Antwerpen zoals ze in de iconografie vanaf de 16de tot het begin van de 20ste eeuw afgebeeld worden, steeds weer de complexiteit van hun gebruik naar voren komt. Veeleer het uiteenrafelen van hun functies staat centraal dan een zuiver stilistische of morfologische beschrijving. Aan de hand van prenten, boeken, teksten, plannen, tekeningen en foto's zal worden getracht om tot een globale omschrijving te komen van de evolutie van al die eigenschappen van torens.

UTOPIAE INSULAE FIGURA: VAN ANTWERPEN TOT AMAUROTUM

Pieter Gillis, humanist en stadsgriffier van Antwerpen, bracht Thomas More in contact met de fictieve reiziger en filosoof Raphaël Hythlodeus. Die laatste vertelde dat hij tijdens zijn vierde en laatste expeditie Utopia had gezien, een eiland met 54 steden.[1] De hoofdstad was Amaurotum, een havenstad omgeven door een zware vestingmuur met torens en bolwerken. Alle andere steden op het eiland waren hiervan gekopieerd. Omdat het verhaal zich in het begin van de 16de eeuw afspeelde tijdens een bezoek aan Antwerpen, kunnen we veronderstellen dat die ideale stad in grote mate geïnspireerd was op Antwerpen, toen een van de meest bloeiende handelssteden in Europa, met een enorme omwalling van meer dan vijftig torens en poorten. Op de houtsnede die de titelpagina van het boek *Utopia* van 1518 versiert, staat het eiland afgebeeld met die '54' steden, alle voorgesteld door torens.[2] Wat opvalt is dat zowel stadspoorten, huistorens, waltorens als geschuttorens, kerktorens en torens van tempels zijn afgebeeld. Daardoor wordt het eiland als een landschap van torens voorgesteld en worden torens een fysieke uitdrukking van de utopie. Zij verkrijgen een utopische dimensie en stralen als symbolen van een ideale samenlevingsvorm over de omringende zeeën en waterlopen.

Dat stadstorens daarom bijzondere aandacht krijgen in de iconografie van een stad, vinden we ook terug op de eerste stadsportretten in incunabelen en postincunabelen. Een mooi voorbeeld daarvan biedt het *Liber Chronicarum* van Hartmann Schedel uit 1493. Daarin wordt de ideale stad Jeruzalem radiaal-concentrisch voorgesteld, bijna uitsluitend bestaande uit torens van huizen, van tempels en van de omwalling. Middenin prijkt de tempel van Salomon als het opperste heiligdom. Maar ook de eerste voorstellingen van Antwerpen munten uit door de afbeelding van torens, zij het minder spectaculair. Ook is het opvallend hoe de eerste redegezichten een min of meer concentrisch geordende aanblik op de stad langs de waterzijde bieden, waarbij kerk- en huistorens een ineengewerkt beeld van huizen en gebouwen ordenen en structureren. Steeds opnieuw valt één bijzondere toren op: de voltooide toren van de Onze-Lieve-Vrouwekathedraal. Die lijkt altijd weer in het midden van de stad voor te komen, maar in werkelijkheid ligt hij veeleer vlakbij de stroom. Een duidelijk voorbeeld daarvan biedt een voorstelling van de stad Antwerpen uit 1515, opgenomen in de incunabel *Unio pro converatione rei publicae* geschreven door Benedictus de Opitiis en zijn medewerkers. Daar wordt Antwerpen als het Jeruzalem van het Noorden afgebeeld en tegelijkertijd als een eiland langs de Schelde, goed omwald, met in het centrum de beide torens van de Onze-Lieve-Vrouwekathedraal omringd door de torens van St.-Walburgis, St.-Michiels, St.-Joris en andere kerken, maar ook door huistorens en torens van de omwalling. Zou het eiland Amaurotum hiervoor een metafoor zijn?

Ook op latere kaarten vallen de talrijke torens van de stad Antwerpen op. Zo wordt op de houtsnede van Virgilius Bononiensis (1565) bijzonder veel aandacht besteed aan de huistorens. Zij zijn bijzonder boeiend vanwege hun complexiteit aan functies en betekenissen en dat in tegenstelling tot hun bijna minimalistische vormgeving (zelden zijn ze versierd). Hoewel hun oorsprong niet duidelijk is, bieden ze zeer praktische oplossingen aan de bouw van grotere huizen in de stad. Zij staan bijna altijd aan de buitenzijde van het bouwwerk, zodat de trap die ze omsluiten zelden een deel van de eigenlijke kamers of gangen op de verdiepingen van de huizen of panden hoeft in te palmen. Perfecte rechthoekige zalen of woonkamers kunnen zo behouden blijven en een vlotte verticale verbinding in het huis blijft gewaarborgd. Die functionele eigenschap wordt soms ook gekoppeld aan mogelijk symbolische betekenissen, zoals het uitdrukken van de *bellezzà* of de voornaamheid van het gebouw (denken we maar aan de hoge middeleeuwse huistorens in steden als San Gimignano, Firenze of Bologna in Italië).

Een van de meest versierde en uitgewerkte huistorens – wel een uitzondering in het Antwerpse landschap van huistorens – is die van het huis van de onfortuinlijke burgemeester Van Straelen. Het is een patriciërswoning in renaissancestijl, waarvan de monumentale huistoren echter ingewerkt is in het bouwvolume.

De mogelijkheid om vanuit de torens de aan- of afvarende schepen op de Schelde te kunnen waarnemen, zou ook een reden zijn om die huistorens op te trekken. In Genua bestond immers die mogelijkheid op de dakterrassen van de prachtige stadspaleizen langs de in de 16de eeuw nieuw aangelegde *Strada Nuova* (huidige *Via Garibaldi*). Pieter Paul Rubens kon tijdens zijn opeenvolgende verblijven in die Ligurische haven van op de paleizen de haven overschouwen. Die constructies hebben op hem zo een diepe indruk gemaakt, dat hij verschillende ervan in 1622 in het boek *Palazzi di Genova* liet afbeelden. Sommige paleizen, zoals het *Palazzo Campanella*, staan er afgebeeld als echte hoge 'torens' bekroond met grote terrassen, die als uitkijkposten dienst doen.[3]

Een van de meest merkwaardige torens van het middeleeuwse Antwerpen was de Blauwe Toren. Die grote constructie met zadeldak, tijdens de jaren 1291-1314 opgetrokken als kruitmagazijn, was voorafgegaan door een kolossale ronde hoektoren en vormde een onderdeel van de laat-13de-eeuwse omwalling rond de stad. Hij stond in verbinding met de Herentalse vaart en de toevoer van water naar de binnenstad werd geregeld door middel van sluizen aangebracht onder de toren. Tijdens de 16de en 17de eeuw werd in deze toren heel wat dissectie op mensenlichamen uitgevoerd door chirurgijnen en hun assistenten. Samen met de Huidevetterstoren en de Rode Toren, was de

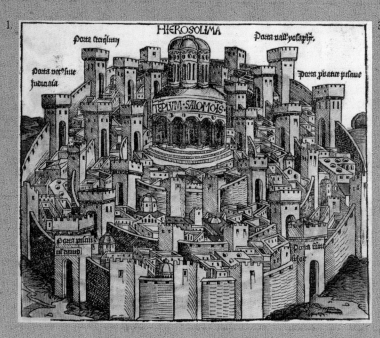

1. Ideale voorstelling van de stad Jeruzalem, zoals ze afgebeeld staat in de Liber Chronicarum van Hartmann Schedel, Nürnberg, 1493. (© Koninklijke Bibliotheek van België, Brussel, Kostbare Werken)

2. Een der oudste stadsgezichten van Antwerpen, met de kathedraal in het centrum. Uit: Benedictus de Opitiis, *Unio pro converatione rei publicae*, Antwerpen, 1515. (KULeuven, Centrale Bibliotheek, inv. nr. 2RB2529, © KULeuven)

3. Huistoren van Huis Draecke of Den Gulden Cop, daterend uit de 16de eeuw, Antwerpen. Deze zeskantige toren in bak- en zandsteenstijl wordt bekroond met een uitkijk. (© Johan Duyck)

4. J. Gorus, *De van Straelen toren*. Huistoren met uitkijk in renaissancestijl, die deel uitmaakte van het huis Den Grooten Robijn. Deze patriciërswoning werd door de Antwerpse burgemeester Antonius van Straelen in 1565 aangekocht. (Antwerpen, Museum Plantin-Moretus / Prentenkabinet, collectie Prentenkabinet, inv. Nr. F.III.M./G. 99 6341, © Peter Maes, Gentbrugge)

5. Kopergravure van de gevel van het *Palazzo Campanella* met dakterras, dat als uitkijk over de haven van Genua dienst deed. P. P. Rubens liet deze prent graveren voor het boek *Palazzi di Genova*, dat in 1622 in Antwerpen uitgegeven werd. Antwerpen, privéverzameling.

6. Jozef Linnig, *De Blauwe Toren*, aquarel, eind 19de eeuw. (Antwerpen, Museum Plantin-Moretus / Prentenkabinet, collectie Prentenkabinet, inv. Nr. AV 3359.18.04/66, © Peter Maes, Gentbrugge)

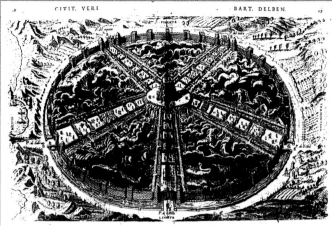

1. Zicht vanuit het zuiden op de stad Antwerpen, met opeenvolgend de torens van de St.-Walburgiskerk, St.-Michielskerk, Kronenburg, O.-L.-Vrouwekathedraal en een windmolen op het Kiel. Deze tekening komt uit een anoniem schetsboek, waarin de eerste afbraakwerken aan de laatmiddeleeuwse omwalling in de jaren 1541-43 worden voorgesteld. (Berlijn, *Staatliche Museen zu Berlin, Kupferstichkabinett*, inv. nr. 79C2, © Bildarchiv Preußischer Kulturbesitz)

2. Voorstelling van de laatmiddeleeuwse omwalling rond de stad Antwerpen met rechts de Rode Toren met toegangspoort tot de stad. (Berlijn, *Staatliche Museen zu Berlin Kupferstichkabinett*, inv. nr. 79C2, © Bildarchiv Preußischer Kulturbesitz)

3. Bartholomeus Delbene, *Civitas veri sive Morum*, Parijs, 1609.

4. Situeringsplan van de belangrijkste torens en poorten van de omwallingen van Antwerpen, zoals ze in de 16de eeuw met de bouw van de Spaanse omwalling voorkwamen. Digitale reconstructie op basis van het huidige stratenpatroon. (© Marc Muylle)
1. Kronenburgtoren, 2. Jan Blauwbaardtoren, 3. Bakkerstoren, 4. Visverkoperstoren, 5. Rookhuistoren, 6. Slijkpoort, 7. Rodepoort, 8. Rode Toren, 9. Kipdorppoort, 10. Huidevetterstoren, 11. Blauwe Toren, 12. Keizerspoort.

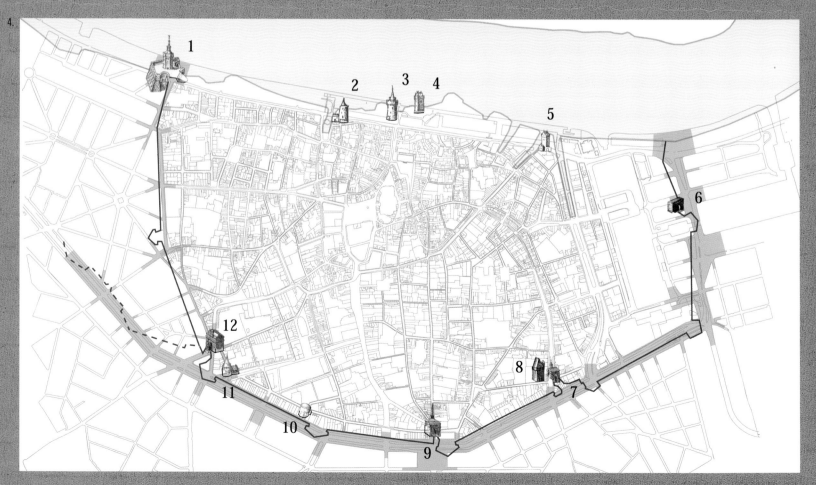

Blauwe Toren de enige die bewaard gebleven was na het slopen van de middeleeuwse wallen. Die enorme toren in zand-, natuur- en baksteen was zo monumentaal met zijn meer dan 3 m dikke muren, dat hij jaren na de sloop van de Spaanse omwalling tijdens de 19de eeuw nog bleef bestaan. Ettelijke campagnes werden vanaf 1878 nog opgezet om hem te behouden, maar grond- en bouwspeculatie verdreven hem definitief uit het stadsbeeld. Zijn ontmanteling nam wel vijf jaar in beslag (1879-1886).

POORTEN ALS TORENS

Typisch voor de middeleeuwse omwallingen is het inkleden van de belangrijkste toegangspoorten in versterkingstorens. Zo was het ook in Antwerpen, waar de Kronenburgpoort een van de mooiste torens bezat, opgetrokken ten zuiden van de stad langsheen de Scheldeoever. Een bijzonder kenmerk van die hoge, slanke toren met veelhoekige bekroning en met lantaarn was zijn herkenbaarheid op grote afstand. Hij bezat daardoor een signaalfunctie voor elke bezoeker die de stad naderde. Men wist duidelijk in welke richting men zich diende te verplaatsen om langs de zuidkant de stad in te trekken. Ook de Rode Poort was een van de meest massieve en tevens hoogste van de stad. Zij stak meer dan 10 m boven de walmuur uit en was onderaan langs verschillende zijden met spitsbogen opengewerkt, zodat bezoekers met paard en kar er gemakkelijk doorheen konden om zo de stad langs de noordoostzijde te bereiken. Tussen beide meest noordelijke en zuidelijke poorten kwamen ook de belangrijke St.-Jorispoort en Kipdorppoort voor. Die poorten waren ingebouwd in blokvormige massieve constructies, aan de voorzijde geflankeerd door twee ronde torens die de toegangspoort moesten beschermen. Die stadspoorten vormen ook de meest in het oog springende relicten van de middeleeuwse omwalling op de schetsen van een anonieme kunstenaar, die bewaard worden in het Prentenkabinet van Berlijn. Op die tekeningen worden de eerste afbraakwerken afgebeeld, die in de zomer van 1543 startten. Vrij nauwkeurig wordt in een tiental opnamen de skyline van Antwerpen weergegeven, met al zijn torens en zijn walmuur langs de landzijde. Meer dan in latere periodes, telde de stad toen nog het hoogste aantal torens, doordat zowel waltorens als poorttorens, kerktorens en huistorens elkaar aanvulden. Toen bestond er nog een bonte mengeling van vroeg- en laatmiddeleeuwse torens, met of zonder lantaarns, spitsen of zadeldaken met arkels. Met de bouw van de Spaanse omwalling tussen 1544 en 1555 zou dat unieke beeld van torens definitief verloren gaan.

Wat in de middeleeuwse omwallingen nog poorten met torens waren, worden in de 16de-eeuwse versterkingen alleen nog lage en zwaar versterkte stadspoorten. Sommige laatst overblijvende torens met poorttoegang – zoals die van Kronenburg – worden in latere jaren toch gesloopt. Naar aanleiding van de aansluiting in 1567 van de bestaande versterkingen aan de nieuw opgerichte citadel, gaat de Kronenburgtoren tegen de vlakte. De poort is dan alleen nog een opening in de omwallingmuur. De St.-Jorispoort, Kipdorppoort en Rode Poort worden geheel nieuw opgetrokken als statige renaissancepoorten. Zij zijn vrij laag en steken amper uit boven de nieuw opgetrokken courtines en bastions, zodanig dat ze perfect geïntegreerd zijn in de nieuwe Spaanse omwalling. Ze worden versierd met typische ornamenten uit de renaissance, zoals zuilen, pilasters, frontons, triglieven, bossagewerk enzovoort. De signaalfunctie bestaat nu niet meer in de monumentale hoogte van de poort, maar wel in de retoriek van haar voorgevel, die tevens sterk beladen wordt met wapenschilden, heraldische figuren en soms ook met gebeeldhouwde teksten.

Het verlenen van inhoud aan poorten komt ook voor in geschriften over ideale en utopische steden. Vooral op het einde van de 16de en in het begin van 17de eeuw kwamen verschillende van zulke geschriften op de markt. Een van de opvallendste is het boek *Civitas veri sive Morum*, geschreven door Bartholomeus Delbene en in 1609 in Parijs verschenen. Daarin komt een perspectivische voorstelling van een ideale stad voor. Ze is radiaal-concentrisch wat de plattegrond betreft en omgeven door een hoge omwalling, versterkt met ontelbare poorten. Het is geen utopische voorstelling van een stad, waarin een ideale samenleving zou leven, maar een metafoor voor de 'inwendige en uitwendige zintuigen' van de mens. Zo komt elk van de vijf poorten, afgebeeld als een monumentale triomfboog, overeen met een van de vijf 'uitwendige zintuigen': *Quinque urbis huiusce portae significationem habentes quinq. Sensuum exteriorum*. Langs die vijf zintuigen nadert de mens het centrum van de stad, waar een hoge toren staat, naar boven toe verjongend. Het bovenliggende terras bereikt de mens door het beklimmen van een steile trap. Daarboven bevinden zich de drie 'inwendige zintuigen': het gemeenschappelijke Gevoel, de Verbeeldingskracht en het Geheugen.

DE SUBLIEME TOREN: VAN BABEL TOT CHRISTIANOPOLIS

Dat torens tot de verbeelding spreken, werd in de geschiedenis van de schilder- en prentkunst op een prachtige wijze weergegeven in de talrijke voorstellingen van de toren van Babel. Het bijzondere aan een beperkt aantal voorstellingen van die toren is zijn positionering in het centrum van een ideale stad. Het samengaan van ideaal en onmogelijkheid is echter niet ongewoon in de iconografie van stadsplattegronden.

Laten we eerst aandacht besteden aan de wijze waarop het centrum van ideale steden tijdens de 16de eeuw werd ingevuld. Vroege voorbeelden hiervan zijn terug te vinden in tekeningen en traktaten van het einde van de15de en van de 16de eeuw in Italië en Duitsland.[4] De meest gekende is ongetwijfeld het ontwerp van Filarete voor de ideale stad Sforzinda. Hoge cilindervormige torens met standbeelden en geladen met een complexe getallensymboliek sieren het centrum van de stad. Maar uitzonderlijk leiden die harmonisch uitgebouwde plattegronden van steden ook tot realisaties, zij het gedeeltelijke. Opvallend is dat bij de uiteindelijk voltooide stadsplattegronden die naar die ideale modellen van steden verwijzen, de torens of torengebouwen, die aanvankelijk wel in het centrum voorzien waren, steeds wegvallen. Een open plein komt dan in de plaats. Twee duidelijke voorbeelden hiervan zijn de tekening van Albrecht Dürer voor een ideale stad volgens vierkantige plattegrond met in het midden een groot kasteel met hoektorens, en het project van de Italiaanse vestingbouwkundigen Maggi en Castriotto voor een radiaal-concentrische stad met stervormige omwalling en een arsenaaltoren in het midden. In de stedenatlas van Braun en Hogenberg werd een verdere uitwerking van dat model door Giulio Savorgnano voor de nieuw op te richten stad Palmanova uitgetekend. Ook hier staat de arsenaaltoren in het midden. In het geval van Dürer heeft zijn project voor een ideale stad in het begin van de 17de eeuw geleid tot de bouw van de nieuwe stad Freudenstadt, naar plannen van bouwmeester Heinrich Schickhardt. Maar het centrale plein van de nieuwe

stad bleef open, alhoewel Schickhardt aanvankelijk een paleis met torens in het centrum voorzien had. Bij de realisatie van de versterkte stad Palmanova, gelegen nabij Venetië, werd de bouw van een arsenaaltoren in het centrum eveneens geschrapt en bleef het plein onbebouwd.

Meermaals echter stelt het project van een grote toren in het stadscentrum de onmogelijkheid voor om een ideaal stadsbeeld ook tot voltooiing te brengen. Daarmee relativeert de toren niet alleen het streven naar volmaaktheid wat de realisatie van de stad betreft, maar hij toont ook aan dat een stad nooit 'af' raakt: een stad leeft continu en omsluit in zich ook het verlangen naar volmaaktheid en naar het opperste, maar aan dat verlangen zal (op aarde) nooit voldaan worden. De toren van Babel is dan niet meer een symbool van ijdelheid in een lege natuur, maar een onvoltooide droom van een gemeenschap in haar verlangen naar de volmaakte stad die haar kan dragen. Het is de utopie die in versteende vorm wordt weergegeven. Dat zien we bijvoorbeeld op prachtige wijze afgebeeld in prenten van Athanasius Kircher en Pieter van der Borght. Mensen bouwen gestadig aan de voltooiing van een enorm hoge toren te midden van hun woningen, paleizen en werkplaatsen, maar hun daden leiden nooit tot de voltooiing van hun dromen.

In sommige prenten leidt deze voorstellingswijze van een sublieme toren in het stadscentrum tot de voorstelling van modellen van ideale steden. De stad *Christianopolis* van Johann Valentin Andreae, in prent uitgegeven in 1619, biedt daar een merkwaardig voorbeeld van. We hebben te maken met een gestructureerde leegte, zonder enige voorstelling van bewoners of bezoekers. Alleen een streng geometrisch geordend geheel wordt weergegeven. De stad Christianopolis is vierkant wat haar plattegrond betreft en versterkt met vier bastions op de hoeken. Het geheel is perfect symmetrisch opgebouwd. Vier concentrische woonblokken lopen rondom de gehele stad en worden op hun hoeken geaccentueerd met torens. Er zijn vier monumentale poorten midden in de wallen. Het zijn hoogbouwconstructies die doorlopen over de huizenblokken tot op een groot rechthoekig centraal plein. Daarop staat een hoge cilindervormige toren, met koepel en lantaarn. Die tempeltoren is 23 m hoog. Hij getuigt van een koninklijke pracht De wanden zijn vol raamopeningen, zodat het licht binnenin overal kan schijnen. Daar komen religie en kunst op een sublieme wijze samen.

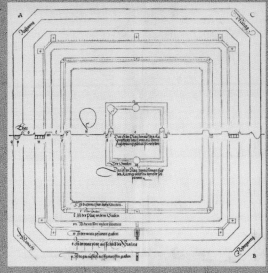

1. Anoniem, *Toren van Babel*, begin 17de eeuw (Duitsland). © P. Lombaerde.

2. Albrecht Dürer, *Voorstelling van een ideale stad met in het centrum een burcht*, 1527. (Uit: A. Dürer, *Etliche underricht zu befestigung der Stett, Schloss und flecken*, Nürnberg, 1527) © Antwerpen, Stadsbibliotheek.

3. Georg Braun en Frans Hogenberg, *Plattegrond van de nieuwe stad Palmanova*. (Uit: G. Braun & F. Hogenberg, *Civitates Orbis Terrarum*, Keulen, 1581-1618, boek V, nr.68) © Koninklijke Bibliotheek van België, Brussel, Kostbare Werken.

4. Johan Valentin Andreae, *Voorstelling van de ideale stad Christianopolis*, 1619. (Uit: J.V. Andreae, *Reipublicae Christianopolitanae description...*, 1619) Antwerpen, privébezit.

5. Athanasius Kircher, *Perspectivisch zicht op de stad Babylon met haar toren*, 1679. (Uit: A. Kircher, *Turris Babel, sive archontologia qua primo...*, Amsterdam, 1679) (KULeuven, Maurits Sabbebibliotheek, inv. nr. P222.2/Fo* KIRC Arca, © KULeuven).

1. Pieter Huyssens, *Ontwerptekening voor de klokkentoren van de St.-Carolus Borromeuskerk*, ca. 1613. (Archief van de St.-Carolus Borromeuskerk, inv. nr. 12L, © Erwin Donvil)

2. Theodoor Van Thulden, *Vuurwerk op de Onze-Lieve-Vrouwekathedraal, aangestoken ter gelegenheid van de Blijde Inkomst van kardinaal-infant Ferdinand in Antwerpen in 1635*. (Uit: C. Gevartius, *Pompa Introïtus...*, Antwerpen, 1641, p.169 © Erwin Donvil)

3. Philibert Bouttats, *Vuurwerk op en rond de toren van de Onze-Lieve-Vrouwekathedraal naar aanleiding van een overwinning van de Balkanvolkeren op de Turken in 1697*, ets, s.a. © Erwin Donvil.

TORENS ALS SIGNALEN
EN SIGNALEN OP TORENS

Torens zullen soms eigenzinnige posities in het stadsweefsel innemen. Ze dringen zich dan veeleer als 'meerdere' op aan de bestaande morfologie van de stad en aan het eeuwenoude stadsbeeld. Meermaals delen ze bewust een boodschap mee aan de stedelijke gemeenschap en trekken alle aandacht naar zich toe. Als een signaal of teken steken ze boven alles uit. Die strategie van torenbouw is typisch voor de barok en meer bepaald voor de architectuur van de jezuïeten tijdens de contrareformatie.

In Antwerpen biedt de bouw van de St.-Ignatiuskerk (thans St.-Carolus Borromeuskerk) daar een mooi voorbeeld van. Deze kerk, waarvan de gevel geflankeerd wordt door twee traptorens, bezit aan de westgevel, juist achter de absis, een rijkversierde klokkentoren die ver boven de kerk en haar omgeving uitsteekt. Tot nu toe maakt die toren deel uit van het Antwerpse torenlandschap. Aan de opbouw en versieringen van de toren werd door de ontwerpers Pieter Huyssens en François de Aguilón, mogelijk bijgestaan door Pieter Paul Rubens, bijzonder veel aandacht besteed. De belangrijkste reden is dat de toren als een echt signaal in het Antwerpse straatbeeld alle aandacht naar zich toe wil trekken. Hij bevindt zich samen met de kerk in het geometrische centrum van de oude stad. Tevens werd de toren zodanig langs de St.-Katelijnevest ingeplant, dat hij vanuit een hele reeks posities in de binnenstad goed waarneembaar is: vanuit het stadhuis, vanaf de Groenplaats en de Grote Markt, vanuit de St.-Katelijnevest en vroeger ook vanuit de Huidevetterstraat. De keuze van die strategische positie bestaat erin het sacrament van de eucharistie zover mogelijk en aan zoveel mogelijk stedelingen uit te dragen. Dat belangrijke sacrament in de contrareformatie wordt ook met de figuur van Christus als Verlosser en met twee engelen, levensgroot opgesteld in de wanden van de toren, kracht bijgezet. Dat de toren ook rechtstreeks aansluit bij het altaar door zijn oostelijke inplanting, verhoogt nog de symboolwaarde. Om het sacrament nog meer naar buiten te dragen, wordt een monumentale lantaarn op de koepel van de toren geplaatst. Die schijnt op figuurlijke wijze dag en nacht over de stad en verspreid aldus het goddelijke licht. Ook worden versieringen van trompetblazende sirenen bovenaan de toren aangebracht, die verwijzen naar het trompetgeschal dat bij feestdagen vanaf de toren weerklonk. Maar ook vuurwerk werd op de balustrades van die toren afgestoken. Een merkwaardig verhaal van enkele jezuïetenpaters en studenten, die op 23 juli 1622 's avonds op het huidige Conscienceplein aankwamen, vertelt hier meer over. Zij zagen er een schouwspel waarbij vanaf de drie torens van de kerk muziek van trompetten en fluiten afwisselend weerklonk. Langs onzichtbare draden, vermoedelijk bevestigd aan de torens, werd vuurwerk afgestoken dat neerkwam op een houten constructie midden op het plein. Het was een citadel die de 'afgunst' verzinnebeeldde. Uit die houten constructie werd ook vuurwerk afgestoken, dat in de lucht letters samengesteld uit vuur deed verschijnen en de zin 'Sancte Ignati, ora pro nobis'[5] vormde. Het was dus een spectaculaire en theatrale opvoering van de jezuïeten ter verheerlijking van hun stichter en patroonheilige St.-Ignatius. Maar vuurwerk kwam ook voor bij feestvieringen aan de kathedraal, zoals ter gelegenheid van de Blijde Inkomst van kardinaal-infant Ferdinand in 1635. Ook in 1697 werden heel wat 'vreughde vieren' (vreugdevuren) vanaf de kathedraaltoren en in de stad afgestoken om de overwinning van de Balkanvolkeren op de Turken te vieren.

Dat de jezuïeten zelf ook fier waren op de bouw van de slanke oosttoren van de St.-Carolus Borromeuskerk bewijst een citaat uit de tekst die opgesteld werd in 1622 naar aanleiding van de plechtige inhuldiging van de kerk: 'Wat beweren zij nog meer, die talrijke landen van de wereld doorkruist hebben en getuigen dat ze geen enkele vergelijkbare toren als deze volgens de opvattingen van Vitruvius hebben gezien.'[6] De toren is inderdaad een perfecte toepassing van de opeenvolgende zuilenorden, zoals ze beschreven worden door de Romeinse bouwmeester Vitruvius. Maar wat bijzonder interessant is, is het vrij interpreteren van de verhoudingen tussen de boven elkaar geplaatste geledingen. De ontwerpers van die toren hebben de volledige hoogte van de toren, namelijk 200 voet, in vijf gelijke delen verdeeld, elk 40 voet hoog. Daardoor is de toren zeer evenwichtig in opbouw en verkrijgen we niet de typische verjonging van de boven elkaar liggende geledingen, zoals in de meeste gotische torens wel het geval is. Als gevolg hiervan, blijft de toren zeer goed waarneembaar, zowel op grote afstand als vlak eronder. In die zin werden nieuwe optische overwegingen en inzichten op een experimentele wijze toegepast. Theorie, inventie, experiment en toepassing leidden hier tot een origine le toren in het stedelijke landschap van Antwerpen. De signaalfunctie van de toren bleef niet beperkt tot sacrale motieven, maar leidde ook tot een structurele vernieuwing en een nieuwe typologie van torens.

Niemand had toen kunnen denken dat de signaalfunctie van torens twee eeuwen later ook letterlijk toegepast zou worden. Tijdens de Franse overheersing van onze gewesten werd vanaf november 1805 door minister van Marine Decrès beslist om het gehele Scheldebekken van een optisch telegraafsysteem te voorzien.[7] Daardoor zouden de belangrijke marinehavens en arsenalen van Vlissingen en Antwerpen vlug met elkaar in verbinding staan. Men koos voor het gebruik van semaforen; dat zijn verticale masten met drie vleugels (beweegbare armen), die verschillende standen kunnen innemen. Zij worden beweegbaar gemaakt door een katrolsysteem. Zo kunnen 342 tekens worden overgebracht. Die beantwoorden aan getallen, die elk een bepaalde boodschap inhouden (zo kwam het getal 145 overeen met: *de waargenomen schepen zijn linieschepen*). Het was de gewoonte om die masten op circa 10 km van elkaar te plaatsen. Met verrekijkers konden de seinwachters de verschillende standen van de semaforen aflezen. De Franse marine had er niet beter op gevonden dan die constructies, waar mogelijk op afgevlakte kerktorens te plaatsen. Ook dat zou in Antwerpen gebeuren. Daar had Napoleon Bonaparte op de terreinen van de St.-Michielabdij vanaf 1803 grootse scheepstimmerwerven en een marinearsenaal laten bouwen. Het hoofdbestuur van de marine werd in lokalen van de verlaten abdij ondergebracht. De abdijtoren werd afgevlakt en daarop werd een enorme verticale mast van 9 m hoogte opgetrokken, met drie beweegbare armen. Een systeem van katrollen werd vanuit het overkapte dak op de toren bediend. De toren van de abdijkerk werd voortaan een signaalpost van een netwerk van optische telegrafie. Meer noordwaarts langs de Schelde werd op het fort St.-Maria een tweede semafoor opgericht. Dan volgden de toren van de St.-Laurentiuskerk in Verrebroek, de klokkentoren in Hulst, ook in Zaamslag werd een semafoor geconstrueerd en ten slotte werd de laatste optische telegraaf op het arsenaal in Vissingen gemonteerd. Zo kon binnen het uur een signaal van Antwerpen naar Vlissingen en omgekeerd gestuurd worden. Het systeem functioneerde tot 23 april 1814, toen Lazare Carnot capituleerde en de stad Antwerpen ingenomen werd door de geallieerde legers.

Naast het militaire netwerk van semaforen bestond ook nog het telegrafiesysteem met de zogenaamde chappetelegrafen. Dat waren eveneens optische telegrafen, maar slechts met één arm gemonteerd bovenop een verticale mast. Die arm was beweegbaar en bestond uit een onder- en bovenstuk die allebei verschillende standen konden aannemen. De netwerken waartoe ze behoorden, waren meestal burgerlijk en konden zeer ver doorlopen, bijvoorbeeld van Antwerpen over Kontich, Mechelen tot in Brussel en later zelfs tot in Parijs. Zo'n chappetelegraaf werd eveneens bij voorkeur op torens aangebracht, onder andere op de huistoren van het 16de-eeuwse pand 'De Thoren' aan de oostzijde van de Beddestraat. Zwaar beschadigd door bombardementen op de stad tijdens de Tweede Wereldoorlog zou hij echter instorten en plaats ruimen voor de constructie van de Boerentoren.

TORENS ALS HERKENNINGSPUNTEN

Elke historische stad in Europa wordt gekenmerkt door haar 'stadsportretten'. Dat zijn voorstellingen van de stad, meestal vanaf grote afstand genomen, waarop de stad bijna op een geijkte en stereotiepe wijze over de eeuwen heen wordt afgebeeld. Er wordt wel op elk stadsportret rekening gehouden met de typische toevoegingen of weglatingen van gebouwen, die zich toen hebben voorgedaan. Ook zijn er preferentiële richtingen van waaruit het stadsprofiel wordt afgebeeld. Voor steden aan zee of langs een stroom of rivier wordt bij voorkeur de waterzijde van de stad genomen. Dan heeft men een mooi overzicht over de haven, de kaaien en de daarboven uitstekende versterkingen, monumentale gebouwen zoals het stadhuis, en de talrijke (kerk)torens. Die torens dienen duidelijk als herkenningspunten of *landmarks* van het specifieke stadsbeeld dat de kunstenaar wil afbeelden. Zonder die torens is de stad dikwijls onherkenbaar op de prent of het schilderij. Dat is ook de reden waarom op de eerste plattegronden van steden tijdens de 16de en 17de eeuw de belangrijkste bouwwerken met hun torens in opstand werden weergegeven.

Antwerpen verschilt daarin geenszins van steden als Londen, Parijs, Rotterdam of Kopenhagen. De oudste stadsportretten van de Scheldestad zijn de vermaarde redegezichten, zoals de houtsnede van een onbekende kunstenaar circa 1518 met een voorstelling

1. Zicht op de gerestaureerde klokkentoren van de St.-Carolus Borromeuskerk, 2006.

2. Anoniem, *Vue des Chantiers et de l'Arsenal Maritime du Port d'Anvers*, tekening, 1811 (Brussel, Koninklijke Bibliotheek Albert I, Prentenkabinet, inv. nr. SIII 37 109) Op de toren van de voormalige St.-Michielsabdij werd een semafoor gemonteerd. (Uit: P. Lombaerde (ed.), *Antwerpen tijdens het Franse Keizerrijk*, Antwerpen-Brugge, 1989)

3. Anoniem, *Zicht op de kathedraaltoren, met daarnaast de huistoren 'De Thoren', getopt met een Chappetelegraaf*, 19de-eeuwse litho. © Antwerpen, Stadsbibliotheek.

1. Melchisedech van Hooren, *Drie stadsgezichten van Antwerpen*, (Antwerpen, Museum Plantin-Moretus/ Prentenkabinet, collectie Prentenkabinet, inv. Nr. IV H/124 (17822), © Peter Maes, Gentbrugge).

2. Georg Braun en Frans Hogenberg, *Vogelvluchtgezicht op Antwerpen, vanuit het zuiden gezien* (Uit: G. Braun & F. Hogenberg, *Civitates Orbis Terrarum*, Keulen, 1577, dl. 1, p. 17, © Erwin Donvil).

3. Anoniem, *Vogelvluchtgezicht op Antwerpen en de polders op de linker Scheldeoever met de brug van Farnese*, 1584. (Antwerpen, private verzameling, © P. Lombaerde).

4. Georg B. Probst en Werner F.B. Siles, *Redegezicht van Antwerpen*, kopergravure, ca. 1730. (Antwerpen, Museum Plantin-Moretus / Prentenkabinet, collectie Prentenkabinet, inv. Nr. V/F 41 17625, © Peter Maes, Gentbrugge).

van het redegezicht over een lengte van wel 220 cm, de kopergravure circa 1524-1528 van eveneens een anonieme kunstenaar met een voorstelling van de stad vanuit het westen en van op een bepaalde hoogte weergegeven, zodat de plattegrond en de volledige laatmiddeleeuwse omwalling met al haar torens duidelijk zichtbaar zijn, het schilderij met redegezicht van 1540 van een onbekende kunstenaar (Nationaal Scheepvaartmuseum) en de drie stadsportretten van Antwerpen door Melchisedech van Hooren, in 1557 op eenzelfde prent samengebracht. Vooral die laatste prent is interessant omdat zij niet alleen het redegezicht voorstelt, maar ook twee afzonderlijke zichten biedt van de stad gezien vanaf de landzijde. Het is duidelijk de bedoeling van de kunstenaar om een volledig eigentijds stadsbeeld te bieden naar aanleiding van de voltooiing van de Spaanse omwalling. Die nieuwe gebastioneerde omwalling kwam toen alleen langs de landzijde voor. Zij volgde een veelhoekig tracé vanaf de zuidkant tot aan de Nieuwstad in het noorden van de stad. Vanwege die veelhoekige vorm werden dan ook twee voorstellingen door de kunstenaar gemaakt, een eerste waarbij de zuidelijke omwalling met achterliggende stad met torens wordt weergegeven, een tweede met de stad vanuit het noorden gezien.

Door die verschillende standpunten die de kunstenaar vanaf het midden van de 16de eeuw ten overstaan van de stad inneemt, verkrijgen we interessante zichten op de talrijke torens die boven de stadsmuren uitsteken. Niet alleen worden daardoor de verschillende gevels van de torens afgebeeld, maar ook hun onderlinge stand verschuift van de ene prent tegenover de andere. Dat schouwspel is des te boeiender omdat we daardoor, zonder gebruik te maken van een plattegrond, vrij nauwkeurig hun juiste positie tegenover de andere gebouwen in de binnenstad kunnen reconstrueren.

Ook bij de talrijke plattegronden die van de stad Antwerpen vanaf het midden van de 16de eeuw werden gemaakt, zien we dat verschillende oriëntaties worden aangenomen: eerst met de Schelde onderaan, maar vanaf de bouw van de Spaanse omwalling bijna altijd met de omwalling onderaan, zodat die goed waarneembaar is. De eerste prent in die reeks is van Hiëronymus Cock (1557), nadien gekopieerd en door verschillende Italiaanse uitgevers zoals Ballino en Duchetti op de markt gebracht. De meest bekende houtgravure is van Virgilius Bononiensis. Daarop zijn de talrijke torens en stadspoorten van Antwerpen rond

1565 heel gedetailleerd afgebeeld en ingekleurd. Ook op de plattegronden in vogelvlucht, van Pieter van der Heyden, Georg Braun en Frans Hogenberg, Philips Galle, Joris Hoefnagel en op een tot thans onbekend gezicht op Antwerpen met achterliggende polders op de linkeroever d.d. 1584 worden de talrijke torens van Antwerpen in hun volle monumentaliteit voorgesteld.

Op de kopieën van die kaarten en prenten door Italiaanse graveurs worden de kerk- en andere torens meestal korter en stomper getekend dan ze in werkelijkheid waren. Op afbeeldingen afkomstig uit ateliers in de Nederlanden worden veeleer de juiste verhoudingen gerespecteerd. Een uitzondering hierop biedt de gravure met gezicht op Antwerpen vanuit het zuiden, gemaakt door Theodoor Van Thulden voor het album van de *Pompa Introïtus* van kardinaal-infant Ferdinand in 1635 in Antwerpen. Daarop worden de torens van de Onze-Lieve-Vrouwekathedraal veel eleganter en slanker gegraveerd dan ze in werkelijkheid reeds zijn. Ook Duitse graveurs tijdens de 18de eeuw durven die overdreven 'uitrekkingen' van torenspitsen tekenen, zoals op de prent van Georg Balthasar Probst (ca. 1730) waarop ook heel wat torens met uivormige spitsen werden bekroond – een mode vooral in Zuid-Duitsland aanwezig. Een bijzondere prent in dit verband is deze van Matthaeus Seutter, waarop bovenaan de plattegrond van Antwerpen te zien is, maar daaronder staat een redegezicht van de Scheldestad, met grote nadruk op de talrijke kerktorens, die eveneens 'uitgerekt' worden.

Soms krijgen we prachtige combinaties van torengezichten, plattegronden en stadsgezichten op eenzelfde prent samengebracht. Nicolaas Visscher heeft zo in 1684 een prent van Antwerpen uitgegeven, met als titel *Marchionatus Sacri Romani Imperii*. Middenin staat het markgraafschap Antwerpen afgebeeld, boven- en onderaan omringd met zichten op de stad gezien vanaf het Vlaams Hoofd en vanaf de landzijde. Ook werden aan de randen van de prent zichten op de tien meest merkwaardige gebouwen van de stad weergegeven, waaronder de Onze-Lieve-Vrouwekerk, het Stadhuis, het Hanzehuis, de Beurs, de St.-Michielskerk, de Keizerspoort, de Scheldepoort enzovoort. Opnieuw valt op dat heel wat aandacht op die rijk versierde prent naar de talrijke torens gaat die toen het stadsbeeld van Antwerpen zo herkenbaar maakten.

Maar ook tijdens de 19de eeuw werd heel wat aandacht besteed aan het stadsbeeld. Niet alleen speelden grote redegezichten of de eerste fotografie daarop in (denken we maar aan het panorama van de Scheldekaaien door Edmond Fierlants), maar een nieuwe wijze van perceptie werd opnieuw uitgedacht: het panoramische beeld van op een hoogte, zodat men nu ook in werkelijkheid de gehele metropool kon overschouwen. De eerste wereldtentoonstelling in Antwerpen in 1885 heeft daar handig op ingespeeld. Zo waren lifttorens bij uitstek ideale plaatsen om aan grote mensengroepen de kans te bieden om vanaf een grote hoogte het torenlandschap van Antwerpen te kunnen bewonderen. Voor die wereldtentoonstelling ontwierp de Engelse firma Easton en Anderson een ruime lift, die in de linkerpartij van een monumentale toegangspoort tot de tentoonstellingsterreinen werd aangebracht. Daar werden ontelbare bezoekers tot een hoogte van 40 m gehesen, die dan konden genieten van een wijds panorama over de stad en de nieuwe havenuitbreidingen, inclusief de pas voltooide rechttrekking van de Scheldekaaien. Dat toegangsgebouw was een kolossale metalen constructie, ontworpen door architect Gédéon Bordiau. Het werd geflankeerd door twee lichttorens, die als vuurtorens de bezoekers naar die plek lokten.

TORENS AAN DE SKYLINE VAN DE RADIALE STAD

Le Corbusier heeft zich in 1932 mogelijk geïnspireerd op de vuurtorens van Gédéon Bordiau. Een halve eeuw na de eerste wereldtentoonstelling in Antwerpen (1885) tekende Le Corbusier zijn ontwerp voor een nieuwe stad op de linker Scheldoever naar aanleiding van de internationale stedenbouwkundige wedstrijd van IMALSO (Internationale Maatschappij Antwerpen Linker Schelde Oever). Vier enorme hoge vuurtorens verrijzen aan de beide uiteinden van de centrale aslijn van zijn nieuwe stad. Die stad is een toepassing van de *Ville Radieuse*, die de architect enkele jaren tevoren had uitgedacht.[8] Het is een utopisch ontwerp voor een stad van meer dan 300.000 inwoners, georiënteerd volgens de heliothermische as en bestaande uit een rasterstructuur van 400 m bij 400 m. Daartussen lopen grote verhoogde autowegen en worden immense woonblokken in vertandingen opgetrokken. Voor Antwerpen heeft Le Corbusier echter een diagonaallijn dwars door zijn stad getrokken, die een verbinding maakt tussen de meer noordwaarts gelegen Schelde-

bocht en het Vlaams Hoofd. Op die wijze komt de grote laan van 120 m breedte recht uit op de torens van de kathedraal. Le Corbusier zegt hierover: '*Notre projet de la Rive Gauche déterminé par les nombreuses conditions rationnelles, a toutefois pu se raccorder spirituellement au cœur même d'Anvers, par la grande avenue dont la perspective lointaine sera la cathédrale.*'[9] Le Corbusier vertoonde een enorme interesse voor de skyline van de oude stad en vooral voor de torens van de kathedraal. Hij had reeds heel wat jaren eerder tekeningen van Antwerpen gemaakt, waaruit zijn interesse voor het stadsbeeld blijkt. In 1910 had hij het idee opgevat om een boek over stedenbouw te schrijven, met als titel *La Construction des Villes*. Daartoe maakte hij een aantal tekeningen van steden, waaronder enkele historische plattegronden en stadsgezichten van de stad. Zo kopieerde hij een zeldzame prent van Hans Liefrinck uit 1556 met een redegezicht van Antwerpen. Met veel zwier werden de torens van de Onze-Lieve-Vrouwekathedraal en die van de St.-Jacobskerk getekend. Bijzonder veel aandacht ging naar de torenspitsen en de uivormige transepttoren van de kathedraal. Hij schreef hierover op zijn schets van de oude gravure: '*Cette gravure est très juste et donne l'exotisme des clochers et bulbe...*'[10] Voor Le Corbusier was de skyline van de historische stad nog duidelijk waarneembaar vanaf de Linkeroever en diende die maximaal betrokken te worden in zijn nieuwe rationele stad, dankzij de ligging van de *Avenue de la Cathédrale*, de hoofdboulevard van zijn radiale stad. Langs die aslijn werden ook de belangrijkste gebouwen ingeplant, zoals een nieuw stadhuis, een groot winkelcentrum, een cultuurpaleis, een openbare bibliotheek enzovoort.

De verzoening en zelfs integratie van het beeld van de historische stad – maar dan enkel de skyline ervan – in de nieuwe modernistische stad is wel uitzonderlijk voor Le Corbusier. Het heeft waarschijnlijk alles te maken met de immense bewondering die hij koesterde voor de unieke torens van de Onze-Lieve-Vrouwekathedraal. Le Corbusier had respect voor de geschiedenis en voor de spiritualiteit, die er onlosmakelijk mee verbonden zijn. Hij zou jaren nadien zijn geschriften en tekeningen, die hij in de periode 1910-1915 had gemaakt afwijzen, maar zijn bewondering voor de historische skyline van Antwerpen met zijn torens bleef voortbestaan. Zo maakte Le Corbusier in 1932 doorsneden door zijn stad en door de *Avenue de la Cathédrale*, waarop de verschillende skylines van

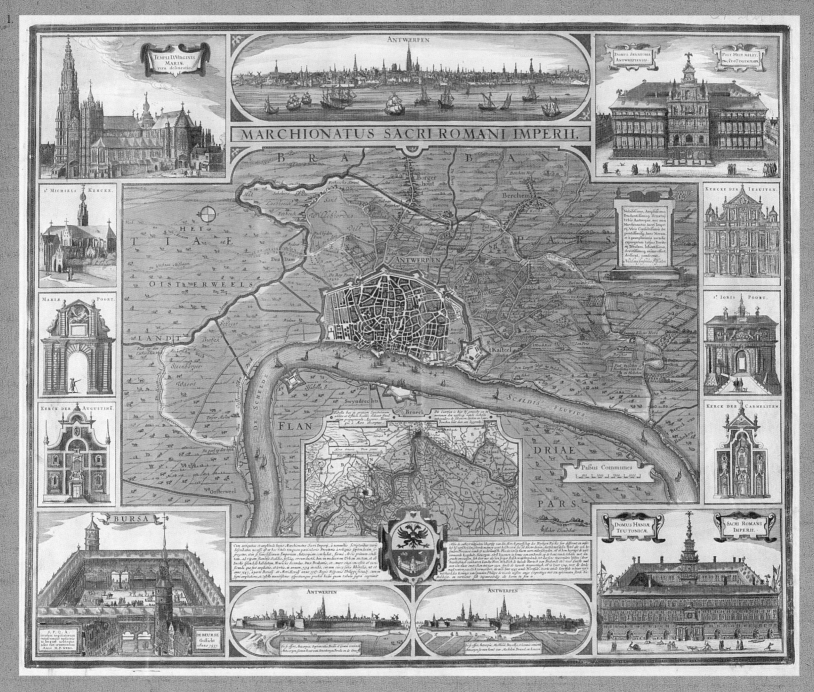

1. Nicolaes Jansenius Visscher, *Het markgraafschap van Antwerpen, omringd met drie stadsgezichten en tien zichten op de belangrijkste gebouwen van Antwerpen*, Amsterdam, 1684. Antwerpen, privéverzameling, © Erwin Donvil.

2. Zicht in vogelvlucht op het toegangspaviljoen met uitkijk op de Wereldtentoonstelling van Antwerpen in 1885. (Uit: *L'Illustration Européenne*, 1885) © Erwin Donvil.

3. Le Corbusier, *Zicht in vogelvlucht op de nieuwe stad op de Linkeroever in Antwerpen*, 1932-33, tekening. (Uit: Le Corbusier, *La Ville Radieuse*, Parijs, 1935)

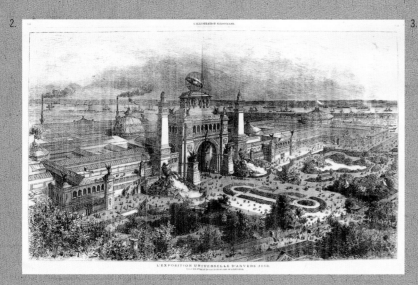

1. Hans Liefrinck en Frans Huys, *Redegezicht van Antwerpen*, 1556.
(Uit: Van Caukercken, *Chronijck van Antwerpen 1500-1600*, Brussel, Koninklijke Bibliotheek, Handschriften, inv. nr. 7563-7567)

2. Detail uit de prent van Hans Liefrinck en Frans Huys, 1556.
(Uit: Genootschap voor Antwerpse Geschiedenis, *De zestiende eeuw*, Antwerpen, 1976)

3. Le Corbusier, *Schets van een redegezicht op Antwerpen, naar de prent van Hans Liefrinck, 1556*, Parijs, FLC, B2-20/211. (Parijs, © La Fondation Le Corbusier)

4. De toren van het voormalige Zuidstation in Antwerpen, met springstof opgeblazen in 1965.
© Volksgazet.

zijn nieuwe stad worden voorgesteld, met inbegrip van de kathedraal en haar torens op de rechter Schelde-oever. Daarop zien we duidelijk een harmonisch even-wicht naar voor komen tussen de kathedraaltoren en de vuurtorens op de Linkeroever. Bovendien trachtte Le Corbusier een ritmische opeenvolging van torens in zijn project voor de nieuwe stad te creëren, die ver-gelijkbaar en mogelijk geïnspireerd is op de afwisseling van opeenvolgende torens zoals ze op de oude gravures en prenten steeds voorkwamen. Le Corbusier her-tekende op een moderne manier de historische skyline van Antwerpen.

BESLUIT

Torens trekken aan en stoten soms ook af. Zij worden nu eens als subliem ervaren, dan weer als afschuwelijk of schrikwekkend. Maar mensen beroeren doen ze steeds. Uit een kennismaking met Antwerpen en met zijn geschiedenis, blijken torens als constanten in een wisselend veld van voorstellingen op prenten, schilde-rijen en tekeningen naar voor te komen. Of de stad nu verandert of niet, ze zijn steeds aanwezig, en regel-matig in de geschiedenis komt er een toren bij. Zij geven een identiteit aan de stad, en in het geval van Antwerpen hebben ze op een wonderbaarlijke wijze een historisch beeld kunnen overbrengen tot op de dag van vandaag. Alleen de Boerentoren – onder-tussen ook reeds een stuk geschiedenis van de stad – heeft in feite het traditionele stadsbeeld tijdens de 20ste eeuw nog versterkt door zijn toenmalige actuali-teitswaarde. Van het MAS zal tijdens de 21ste eeuw het-zelfde worden gezegd. Het zal de grootste *traptoren* zijn die Antwerpen ooit heeft gekend.

Maar ook torens kunnen verdwijnen. Dat zien we in het stadsbeeld van Antwerpen, van Benedictus tot Le Corbusier. Redegezichten tonen aan dat de afbraak van de middeleeuwse versterkingstorens langsheen de kaaien een definitieve en onherroepelijke wijziging in het stadsbeeld hebben veroorzaakt. Dat was zo met de afbraak tijdens de 16de eeuw van de laatmiddeleeuwse omwalling en met het slopen van de prachtige Kronenburgtoren. Heel wat later heeft het Zuid met het bombardement van de St.-Michielsabdij door generaal Chassé haar meest typische toren ook definitief verloren. De 19de eeuw heeft Antwerpen ontdaan van heel wat van haar *landmarks*, bewust of niet. Langs de Scheldekaaien op het Burchtplein viel de St.-Walburgiskerk ten prooi aan de verfraaiings-plannen van de Fransen en Hollanders. Op het Eilandje ging in 1893 het Hanzehuis met zijn karakte-ristieke renaissancetoren in vlammen op. Maar die prachtige toren was toen reeds zwaar gehavend en afgestompt. De Blauwe Toren was ook al naar aan-leiding van het leienproject neergemokerd. Later opgerichte torens, zoals die van het Zuidstation, waren maar een korte levensduur beschoren. In 1902 verrees die hoge toren als een belfort in neoromaanse stijl op het Zuid, maar in 1965 werd hij reeds opgeblazen en bleef een lege Bolivarplaats gedurende decennia als een *non place* achter. Vandaag staat er het nieuwe gerechtshof van Antwerpen. Met of zonder torens, de geschiedenis van de stad Antwerpen gaat steeds ver-der.

NOTEN

[1] MORE, TH., *Utopia. Vertaald door Marie H. van der Zeyde*, Amsterdam, 2002.

[2] In de uitgave van 1516 staat bovenaan de afbeelding op de titel-pagina: *'Utopiae insulae figurae'*. De steden op het eiland werden echter minder uitgewerkt en alleen hun torens bleven over.

[3] RUBENS, P.P., *Palazzi di Genova*, Antwerpen, 1622, boek 2, plaat IX.

[4] DE LA CROIX, H., 'Military architecture and the radial city plan in sixteenth century Italy', *The Art Bulletin*, 42 (1960), p. 263-290.

[5] (GRISIUS, M.), *Honor S. Ignatii de Loyola…*, Antwerpen, 1622.

[6] Vertaald uit het Latijn. Zie de volledige Latijnse tekst in SNAET, J., 'Case Study: Rubens's Palazzi di Genova and the Jesuit Churches of Antwerp and Brussels', in LOMBAERDE, P., (red.), *The Reception of P.P. Rubens's Palazzi di Genova during the 17th century in Europe: Questions and Problems*, Turnhout, 2002, p. 179-182.

[7] LOMBAERDE, P., 'Van Semaforen en Bataafse kusttelegrafen', in KORVING, R., e.a., *Een tijding met de snelheid des bliksems*, Leuven – Alphen aan den Rijn, 1997, p. 59-68.

[8] LE CORBUSIER, *La Ville Radieuse*, Parijs, 1935 (1964), p. 270-287.

[9] Ibid., p. 272.

[10] FLC (Fondation Le Corbusier), Parijs, B2-20/211.

SUBLIEME HOOGBOUW

ANNELEEN MASSCHELEIN

In de esthetica, de theorie van de kunstbeleving, maakt men traditioneel een onderscheid tussen het schone en het sublieme. Het schone is aangenaam vanwege zijn harmonie, proporties en klassieke trekken, zijn zachte kleuren en vormen. Het sublieme daarentegen boezemt altijd angst en ontzag in. We komen in contact met iets wat ons overstijgt – een synoniem voor het sublieme is het verhevene – iets waarvoor geen woorden meer te vinden zijn en waarop we iedere greep verliezen. Daarom is het sublieme tegelijkertijd beangstigend en aantrekkelijk: het confronteert ons met onze eigen grenzen en dwingt ons bovendien om die grenzen te overschrijden. Hoewel Longinus reeds in de klassieke oudheid een verhandeling schreef over het onderwerp (vooral in relatie met de retoriek) kwam de theorievorming rond het sublieme pas echt op gang in de 18de eeuw, hoofdzakelijk in Engeland en Duitsland, in relatie tot de romantische schilderkunst (de donkere landschappen van William Turner of Casper David Friedrich) en de tragische natuurpoëzie van dichters als William Wordsworth en Friedrich Hölderlin.

Een van de bekendste verhandelingen over het sublieme is *A Philosophical Enquiry into the Sublime and the Beautiful* (1757) van Edmund Burke. In die tekst maakt Burke een onderscheid tussen het schone en het sublieme naar gelang van de verschillende effecten die natuurlijke taferelen of kunstwerken bij de lezer/toeschouwer veroorzaken. Volgens Burke roepen het schone en het sublieme namelijk sterk uiteenlopende, schijnbaar tegengestelde reacties op: *pleasure* (genot) en *pain* (pijn). Wanneer we geconfronteerd worden met het schone, ervaren we esthetisch genot, een aangename sensatie, plezier. Het sublieme daarentegen roept een veel sterkere ervaring op. Het sublieme bij Burke behelst altijd een vorm van dreiging. Dat komt, zo zegt Burke, omdat het altijd veroorzaakt wordt door de (zichtbare of onzichtbare) aanwezigheid van gevaar. In sommige omstandigheden kan een ervaring van angst echter ook een bron van genot zijn, wat Burke dan niet meer *pleasure* maar *delight* (verrukking) noemt. Dat gebeurt indien er voldoende afstand tot de bron van de angst is of de bron zodanig bewerkt is dat hij niet langer bedreigend is.

Even na Burke, in 1790, buigt ook de Duitse filosoof Immanuel Kant zich over het sublieme in zijn derde boek over de kennis, de *Kritik der Urteilskraft*, waarin hij het heeft over het ethische en esthetische oordeelsvermogen van de mens. Voor Kant houdt het sublieme verband met een aantal verheven idealen waarvan de mens een glimp kan opvangen in een confrontatie met iets dat hem of haar overstijgt. Kant onderscheidt daarbij twee vormen van het sublieme. Enerzijds is er het mathematisch-sublieme dat wordt veroorzaakt door een confrontatie met grootte of omvang, waardoor we een idee krijgen van het 'absolute grote' of 'oneindigheid'. Dergelijke abstracte begrippen kunnen we niet als zodanig ervaren, maar we kunnen ze wel denken, dankzij de wiskunde. Anderzijds is er volgens Kant het dynamisch-sublieme waarin we de kracht in de natuur ervaren, iets dat eveneens ons bevattingsvermogen te boven gaat. Die bovenmenselijke natuurkracht kunnen we weliswaar niet kennen met ons verstand, maar de ervaring van de natuurkracht leidt ons wel naar een nog grotere kracht die ons volledig overstijgt: de macht van God.

In de ervaring van het sublieme ervaren we dus eerst een vorm van malaise, omdat we geconfronteerd worden met iets dat ons begrip te boven gaat. Die aanvankelijke negatieve ervaring wordt vervolgens positief omdat we door de confrontatie met de grenzen van ons bevattingsvermogen juist gaan beseffen dat er een hogere macht bestaat. Het sublieme bij Kant is dus een ervaring op de rand van de esthetica en de religie. Sinds Kant en Burke hebben verschillende theoretici opgemerkt dat het sublieme een 'hybride' begrip is dat zich bevindt op de grens van kunst, psychologie, religie, politiek en ethiek. Essentieel in de esthetische dimensie van de ervaring van het sublieme is dat we als toeschouwer, zowel in het aanschouwen van grootse natuurfenomenen (hoge bergtoppen, eindeloos uitgestrekte vlaktes of de natuurkracht van een onweer) als bij de verbeelding hiervan in de kunst, voldoende afstand kunnen houden om het sublieme te ervaren zonder zelf in gevaar te zijn. Door die afstand (door ons, als het ware, naar onze eigen beperktheid te laten kijken), biedt de sublieme ervaring ons een inzicht in onze menselijkheid en tegelijkertijd een intuïtie van iets hogers.

Daarnaast heeft het sublieme een politieke dimensie. Het wordt vaak gezien als een crisisbegrip dat opduikt bij een maatschappij in transitie. In de 18de eeuw was dat bijvoorbeeld de overgang van de verlichting naar de romantiek. In het classicisme, de dominante kunststroming binnen de verlichting, stond de menselijke rede centraal. Het ideaal binnen alle kunstvormen was gebaseerd op beredeneerde, beregelde en evenwichtige constructie. Als tegenbeweging werden in de romantiek de wilde natuur, de passie en de vrije expressie herontdekt. Men verheerlijkte de dubbelzinnige, gevaarlijke aantrekkingskracht van het romantische genie op de rand van de waanzin en flirtte met de revolutionaire roes, die kan ontaarden in chaos en willekeur. Die kunstopvattingen staan niet los van de politieke context. Immers, tijdens de verlichting ontstond het ideaal van een rationele staatsvorm gebaseerd op de universele menselijke waarden van vrijheid, gelijkheid en broederschap. Die idealen leidden tot een revolutionair klimaat in Europa, Engeland en Amerika. De realiteit van de Franse Revolutie was echter anders. Ondanks haar rationele basis ontaardde de opstand al snel in terreur en uiteindelijk in een nieuwe dictatuur.

Reeds in Burkes tekst is, naast de literatuur, de architectuur een van de kunsten die het sterkst met het sublieme wordt geassocieerd. Burke onderzoekt systematisch welke verschillende aspecten in de natuur en de kunst nu precies het sublieme kunnen veroorzaken. Net als bij Kant is grootte een van de krachtigste bronnen van het sublieme. Burke verbindt dat aspect heel sterk met architectuur en behandelt verschillende elementen van gebouwen: de omvang (lengte, hoogte), de illusie van oneindigheid, grandeur en de lichtinval. Het valt op hoe het sublieme voor Burke zowel een *affect* is (een gevoel of ervaring) als een *effect* (iets dat gecreëerd moet worden door een uitgekiende constructie). Waarlijk sublieme architectuur is groots maar niet té groot – immers, te lang of te hoog zou de proportie verstoren. De illusie van oneindigheid moet worden geconstrueerd door regelmatige herhaling van architecturale elementen, zoals zuilenrijen. Ten slotte kan een gebouw op een bepaalde manier spelen met het licht om het sublieme effect maximaal in de verf te zetten. Enerzijds moet het *dark and gloomy* (donker en somber) zijn, anderzijds moet het ook contrasteren met zijn omgeving. In dergelijke architectuur vormen de gebouwen niet alleen de uitbeelding van de hogere

macht waarvan ze het wereldse gezag vertegenwoordigen, maar suggereren ze door hun omvang en door hun ontzagwekkende karakter het overweldigende en ongrijpbare van die macht. Het zal dan ook niet verbazen dat de belangrijkste voorbeelden bij Burke kathedralen, tempels en torens zijn.

In de 19de- en 20ste-eeuwse architectuur blijft het sublieme in de architectuur heel sterk aanwezig in de monumentale bouwstijl van koloniale en imperialistische rijken. De architectuur moet nu niet langer de macht van God op aarde uitdrukken, maar vooral de politieke macht van het regime, de keizer of de *Führer*. Met het fascisme en de megalomane plannen van Albert Speer als architect van nazi-Duitsland bereikt de verstrengeling van het politieke en esthetische streven naar het sublieme een hoogte- of dieptepunt. De smet van de fascistische en de koloniale esthetiek blijft nog lang kleven aan de monumentale façadearchitectuur. Daarnaast manifesteert zich vanaf de 19de eeuw een nieuwe kracht in de wereld, de technologie. Hoewel die kracht door mensen werd geschapen, werd ze al snel oncontroleerbaar, waardoor ze als vervreemdend werd ervaren. Tijdens de industriële revolutie verrijzen in de 19de eeuw grootse fabrieken, tempels van massaproductie, met de sublieme kenmerken die Burke al in 1757 beschreef: reusachtig, hoekig en regelmatig, indrukwekkend en donker. De rationalisering van de productie die inzet met de industriële revolutie zet zich bovendien verder in een rationalisering van woon- en handelsruimte in de hoogte, veeleer dan in de lengte of de breedte (waardoor de kosten van de grondprijs gedrukt kunnen worden en de ruimte maximaal geëxploiteerd kan worden). Aan het einde van de 19de eeuw, rond 1880, worden in de Verenigde Staten de eerste wolkenkrabbers opgetrokken. Die kapitalistische torens worden technisch mogelijk door de industriële productie van elektriciteit, glas, staal – de bouwstenen van de moderne grootstad – en worden gefinancierd door grote bedrijven.

In de metropolis krijgt het sublieme stilaan een andere invulling. Waar het sublieme in de 18de en de 19de eeuw de angstervaring wist om te zetten in een positieve ervaring van een hogere, religieuze of politieke macht, wordt het sublieme van de grootstad in het begin van de 20ste eeuw geassocieerd met vervreemding en met de afwezigheid van iets dat ons overstijgt. God is dood, zo verklaarde Nietzsche, en wat ons overweldigt, zijn de leegte en de massieve zinloosheid die schuilgaan achter de kapitalistische ideologie van consumptie. In zijn boek *Warped Space* (2001) onderzoekt Anthony Vidler de ruimte van de moderne grootstad als een psychologische projectie van de angst en vervreemding van de moderne mens. Hoewel hij het niet specifiek heeft over hoogbouw, onderzoekt hij de angst voor leegte en voor ruimte in het algemeen als de basistoestand van de moderne maatschappij in het begin van de 20ste eeuw. Modernistische architectuur, in al haar functionele onpersoonlijkheid, is tegelijk een oorzaak van die angst, de uitdrukking ervan én een respons erop, een bezwering van die angst.

Het moderne subject is vervreemd van zijn omgeving en dwaalt verstrooid rond in stegen en passages van de stad, terwijl het op de tast zijn of haar weg probeert te zoeken. Het ritme en de ruimte van de grootstad worden bepaald door een moeilijk evenwicht tussen een ervaring van 'te dichtbij' in de drukte van de massa, ofwel 'te veraf' in de onmenselijke leegte van reusachtige pleinen en boulevards. De ruimte-ervaring van de mens in de grootstad is zo fundamenteel anders geworden, dat traditionele opvattingen over perspectief (die de menselijke maat als toetssteen hadden) hun betekenis verliezen. Dat verlies aan perspectief bepaalt niet enkel de overgang van picturale (driedimensionale) schilderkunst naar abstractie (zo probeerde Malevitsj in zijn schilderijen een vierde dimensie te exploreren). Ook de architect wordt gedwongen om de relatie van de mens tot de ruimte te herdenken.

Een van de taken van de moderne architectuur is juist om dat verlies aan traditioneel perspectief te compenseren. Omdat we de ruimte niet meer in één oogopslag kunnen opnemen en ordenen, moeten we op andere manieren visuele en ruimtelijke eenheid creëren. Een mogelijkheid is de esthetiek van de transparantie waarnaar Le Corbusier op zoek ging. Hierdoor zou alles als het ware tegelijkertijd zichtbaar worden en zouden het dieptezicht en de grens tussen binnen en buiten verdwijnen. Een andere mogelijkheid is terug te vinden in de bijzondere band die ontstaat tussen architectuur en film. De expressionistische cinema van de jaren 1920-1930 – Fritz Langs *Metropolis* is hier het voorbeeld bij uitstek – toont de angstwekkende en vervreemdende dimensie van de metropolis. Toch kan de cinema en meer bepaald het procédé van montage, zo suggereert Vidler (en hij baseert zich daarbij op de geschriften van Sergej Eisenstein, een architect die ook films maakt), ertoe

bijdragen dat we meer vertrouwd raken met de ruimtelijke verwarring. De stad wordt dan gezien als een architecturaal geheel dat zorgvuldig moet worden gemonteerd als een filmsequens vanuit het perspectief van de moderne mens die erin ronddwaalt.

De theoretici die Vidler bespreekt – onder anderen Kracauer, Simmel, Benjamin, Eisenstein, Le Corbusier – hebben het niet specifiek over hoogbouw, allicht omdat hun visie op de metropolis vooral gebaseerd is op de grote 19de-eeuwse Europese steden, Parijs en Berlijn. Wanneer we echter een blik werpen op steden die gedomineerd worden door hoogbouw, blijkt de verstoring van het perspectief nog complexer te zijn, omdat de uitgestrektheid en de labyrintische structuur van de grootstad ook in de hoogte voortwoekeren. Een klassiek voorbeeld van een film waarin hoogbouw, het uiteenspatten van perspectief én het schone en het sublieme worden gecombineerd, is *King Kong: The Eighth Wonder of the World* (1933, Merian C. Cooper en Ernest B. Schoedsack).

De film gaat over de tragische liefde van de reuzenaap Kong voor de blonde schoonheid Ann Darrow (vertolkt door de onvergetelijk gillende Fay Wray). Een malafide regisseur van avonturenfilms, Carl Denham, vindt een kaart met de coördinaten van een nog onontdekt eiland waar hij hoopt spectaculaire beelden te kunnen filmen voor zijn nieuwe langspeelfilm. Wanneer de leden van de expeditie het eiland gevonden hebben, wordt actrice Ann Darrow echter ontvoerd door inboorlingen en geofferd aan de aap Kong, die door hen vereerd wordt als een godheid. King Kong is een archetype van het sublieme: gigantisch, donker, harig, afstotelijk en luid brullend boezemt hij angst en religieus ontzag in bij de inboorlingen van het eiland. Hij leeft bovendien in een wereld die door een gigantische muur is afgescheiden van de menselijke wereld. De jungle achter die muur, het rijk van King Kong, lijkt aan de menselijke beschaving vooraf te gaan en wordt bevolkt door dinosaurussen en voorhistorische wezens. Ann Darrow heeft alle kenmerken van het schone volgens Burke: klein, tenger, blond, gehuld in maagdelijk witte nachtjaponnen of avondjurken en hulpeloos. Wanneer ze door Kong wordt ontvoerd, kan ze alleen maar gillen. De nodige afstand om van het sublieme te genieten ontbreekt volkomen en de angst domineert. Kong echter wordt geconfronteerd met zijn tegenpool, het schone, en is radicaal verloren. Dat contrast wordt vanaf het eerste beeld van de oorspronkelijke film uitdrukkelijk gethematiseerd in het motto van de film, een Arabisch spreekwoord: *And lo, the beast looked upon the face of beauty, and it stayed its hand from killing. And from that day on, it was as one dead.* (En kijk, het beest keek naar het gelaat van schoonheid. En het weerhield zijn hand van moorden. En vanaf die dag was het als een dode.)

Wanneer Ann door de bemanning van het schip (en haar geliefde) wordt gered, wordt Kong gevangengenomen en meegevoerd naar New York. Daar wordt hij door Denham op Broadway tentoongesteld als *eighth wonder of the world* in een groteske show. De vernederde en getergde King Kong slaagt erin om zich los te rukken uit zijn ketenen en ontsnapt. In de uren daarna zaait het monster paniek en vernieling in de straten van New York. Uiteindelijk vindt Kong Ann terug en plukt hij haar uit haar bed, via het raam van een flatgebouw. Achtervolgd door de massa en het leger, klimt hij tot op de top van het Empire State Building om daar in een laatste heroïsch gevecht tegen een squadron vliegtuigen tragisch ten onder te gaan. Wanneer aan het einde van de film de omstanders zich buigen over Kongs lijk op de stoep, spreekt Carl Denham de beroemde woorden: *'Oh no, it wasn't aeroplanes [that got him]. It was beauty [that] killed the beast.'* (Oh nee, het waren niet de vliegtuigen die hem te pakken kregen. Het was schoonheid die het monster doodde.)

King Kong is een variant op het klassieke *Beauty and the Beast*-verhaal, waarbij het monster verliefd wordt op de maagdelijke schoonheid. In de eerste versie uit 1933 wordt die liefde helemaal niet beantwoord. Kong is in eerste instantie een afschuwwekkend monster en Ann blijft heel de film door hartverscheurend gillen. Toch krijgen we aan het einde van het verhaal medelijden met het monster, misschien niet zozeer vanwege zijn liefde voor Ann, maar door zijn eenzame, wanhopige gevecht met de steeds terugkerende, acrobatisch ronddraaiende vliegtuigen die hem langs alle kanten bestoken op de top van het Empire State Building. De *special effects*, het camerawerk en de montage in de scènes op het Empire State Building, blijven – hoe houterig en primitief ze nu ook aandoen – memorabel en indrukwekkend. In een voortdurende, snelle afwisseling van shots krijgen we na elkaar totaalshots van Kong (en Ann) op de top van het gebouw tegen de skyline van New York, het perspectief van Kong die hoog in de wolken vecht met de vliegtuigen, en shots vanuit de vliegtuigen zelf. Een van de meest merkwaardige shots duurt maar heel kort en toont de vallende beweging van het vliegtuig dat door Kong naar beneden is gehaald, niet zozeer vanuit het perspectief van de piloot, maar vanuit het perspectief van de machine zelf.

In zekere zin krijgt Kong, juist door zijn tragische strijd tegen de technologie, menselijke trekken in de film. Kong is een subliem wezen, een koning uit een andere, primitieve wereld. Zijn proporties vallen echter in het niets in vergelijking met de nog veel grotere dimensies van de moderne grootstad (opvallend genoeg werd de filmaap Kong, in werkelijkheid een kleine pop die vergroot werd, door de regisseurs veel groter gemaakt tijdens de scènes in New York dan die op het eiland). Zolang Kong in de straten blijft, slaagt hij erin paniek te zaaien en wraak te nemen op de moderne maatschappij, onder andere door een tramstel te verwoesten. Als hij echter probeert te vluchten in de hoogte, op het hoogste gebouw van New York, is hij een vogel voor de kat. Wanneer Kong ten slotte dodelijk gewond van het Empire State Building naar beneden stort, zien we dat in een breed shot dat van een vrij grote afstand genomen wordt: als een lappenpop valt de aap naar beneden. Het natuurlijke sublieme is niet opgewassen tegen het technologische sublieme: noch tegen de vliegtuigen, noch tegen de wolkenkrabbers. Het moet overigens gezegd dat wolkenkrabbers misschien wel ingaan tegen Burkes precieze voorschriften voor sublieme architectuur omdat ze té hoog zijn. Burke vond gebouwen die alleen maar groot zijn door hun dimensie, uiteindelijk eerder vulgair *(of a common and low imagination)* dan echt subliem. Ook het gladde oppervlak en de verlichting van het Empire State Building zou Burke allicht eerder kitscherig dan subliem noemen.

Het eigenlijke 'achtste wereldwonder' in de jaren 1930 was natuurlijk niet King Kongs fantastische verschijning, maar het Empire State Building dat in 1930 in ijltempo werd opgetrokken. Het belang van dat gebouw voor de film *King Kong* wordt eigenlijk al duidelijk vanaf de begingeneriek, nog voor het motto expliciet het thema van de film aangeeft. De artdécoachtige letters en gestileerde lay-out doen denken aan de decoratie van de gevel van het gebouw. In zijn *Caligari's Children* wijst Siegbert Prawer er bovendien op dat de film *King Kong*, net als het Empire State Building, niet kan worden los gezien van de sombere geschiedenis van de economische depressie in de jaren 1930. De geschiedenis van het Empire State

Building is merkwaardig. Het gebouw was en is sinds 11 september 2001 opnieuw het hoogste gebouw van New York (443,2 m). De constructie werd gefinancierd door *General Motors* wiens voornaamste architecturale bekommernis was dat het gigantisch zou zijn – in ieder geval groter dan de naburige wolkenkrabber van concurrent *Chrysler*. Het 102 verdiepingen tellende gebouw werd in iets meer dan een jaar tijd opgetrokken door een leger arbeiders dat zeven dagen op zeven in de weer was, en dat voornamelijk bestond uit immigranten en Mohawkindianen (die het minste hoogtevrees hadden). Ironisch genoeg waren de arbeiders tegen Kerstmis 1930 al opnieuw werkloos omdat ze té snel hadden doorgewerkt. Mankracht vinden was tijdens de Depressie geen probleem, de stad werd bevolkt door een leger wanhopige, uitgehongerde werklozen die, zoals Ann Darrow in *King Kong* voor ze door Denham ontdekt wordt en meegaat op avontuur, doelloos ronddwaalden en tot alles bereid waren als het maar werk was...

De constructie van het gebouw werd gefotografeerd door de socioloog-fotograaf Lewis Hine, die ook de lamentabele toestand van de arbeiders en de wantoestanden van kinderarbeid uit die tijd vastlegde. Hines foto's van het Empire State Building zijn nog steeds spectaculair en alom bekend als poster- en prentkaartmateriaal. Het is merkwaardig hoe Hine in zijn foto's, net als in *King Kong*, speelt met perspectief. De meeste foto's van de constructie van het Empire State Building kijken vanuit de hoogte neer op de arbeiders, of van op gelijke hoogte, oog in oog met de arbeiders, zoals in de beroemde foto *Icarus atop the Empire State Building* waarop een arbeider aan een stalen kabel hangt. Zo ontstaat de vreemde indruk dat de fotograaf vanuit de lucht zelf keek naar de constructie van het gebouw, een onmogelijke positie die in zekere zin ook terugkeert in *King Kong*. De camera lijkt zich in het luchtledige – in de hemel of nergens – te bevinden. Dat perspectief is een perspectief dat eigenlijk niet meer menselijk is, maar dat door de moderne technologie van vliegtuigen en wolkenkrabbers niet alleen denkbaar, maar zelfs vertrouwd is geworden. En hier zit misschien een dimensie van het moderne architecturale sublieme waar Burke noch Vidler echt bij stilstaan.

Hoogte en de angst- of ontzagwekkende ervaring die ontstaat door hoogte worden vaak beschouwd vanuit het standpunt van ofwel 'naar omhoog kijken' (ontzag) ofwel 'in de diepte kijken' (hoogtevrees). Bij de wolkenkrabber is er echter sprake van een extra dimensie. Leven in (en reizen door) de wolken biedt de mogelijkheid om gewoon rechtdoor te kijken, de wolken in. Die ervaring is een nieuw perspectief, dat niet alleen mogelijk is, maar (in het Westen althans) massaal toegankelijk is geworden, dankzij het moderne kapitalisme, voor de prijs van een vliegtuigticket of toegangsticket tot het Empire State Building. Maar de sublieme ervaring heeft een hogere prijs: de vervreemding, leegte en ontmenselijking van de kapitalistische maatschappij, die ook in *King Kong* aan de kaak worden gesteld.

Die maatschappijkritiek wordt nog sterker aangezet in Peter Jacksons versie van *King Kong* uit 2005, waarin zowel het schone als het sublieme in de klassieke zin ten onder gaan. Jacksons meer dan drie uur durende remake is een vrij trouwe hommage aan het origineel waarin een aantal elementen verder worden uitgewerkt. Om te beginnen wordt de sociaal-historische context van de Depressie voor de 21ste-eeuwse kijker uitgebreid getoond in een vrij lange proloog. Visueel refereert die openingssequens expliciet aan de bekende foto's van Hine en andere fotografen uit die tijd. Shots van de armoedige en de verpauperde massa's uit de grote stad worden afgewisseld met beelden van de constructie van wolkenkrabbers. Daarnaast wordt het (actuele) motief uitgewerkt van de gewetenloze en op sensatie en commercie beluste massamedia, vooral in het personage van de maniakale regisseur Carl Denham, maar ook in het motief van de persfotografen die door hun flitslichten Kong op Broadway tot wanhoop drijven. Het begrip *shot* is een belangrijke meerduidige metafoor in het verhaal. Filmcamera (een close-up van de lens van een ouderwetse filmcamera vervangt het motto uit de eerste *King Kong* als openingsbeeld), paparazzi-flitslichten en geweerschoten: allemaal zijn het instrumenten die Kongs ondergang bewerkstelligen. Last but not least wordt de romantische verhaallijn uitgewerkt doordat Ann Darrow (Naomi Watts) in die versie Kongs liefde beantwoordt. Het personage van King Kong – een tot over zijn oren verliefde, eenzame, melancholische, ietwat ouderwetse macho die het slachtoffer wordt van zijn gevoelens – wordt daardoor vanaf het begin heel erg vermenselijkt. Dat effect wordt nog versterkt door de verbluffende gelaatsuitdrukkingen van het monster, gecreëerd dankzij digitale technologie.

In de tragische afloop op het Empire State Building waar Kong het niet tegen vier, maar tegen zes vliegtuigen moet opnemen, hebben de traditionele beauty en het beest zich verenigd in een hopeloze, tragische strijd tegen het kwaad van de moderne technologische en mediamaatschappij. Wanneer Kong uiteindelijk ten onder gaat, stort hij niet zoals in de eerste film naar beneden. Langzaam glijdt hij de diepte in, nadat hij afscheid heeft genomen van zijn geliefde Ann. Die klom in de laatste scènes, zonder het minste spoortje van hoogtevrees of vertwijfeling, steeds hoger en hoger om Kong bij te staan en toonde daarbij een liefde die subliem is in haar doodsverachting. Het camerawerk van de scène is fantastisch: na hun omhelzing glijdt Kongs gezicht weg, vervolgens krijgen we een shot van Ann en van de skyline van New York. Pas daarna zien we Kongs val loodrecht de diepte in, in extreme slow motion, bovenop een luchtfoto van New York.

Wanneer Kong uiteindelijk beneden ligt en ook na zijn dood nog vertrappeld wordt door de respectloze pers, klinken Denhams laatste woorden, overgenomen uit de versie van 1933, enigszins vals: 'It wasn't the aeroplanes. It was beauty killed the beast.' Nog los van het feit dat Denham in deze versie een nog veel karikaturaler gewetenloze schurk is die alle mysterie uit de wereld exploiteert voor de prijs van een toegangsticket, zijn zowel de sublieme Kong als de mooie Ann alleen maar verliezers. Kong sterft en Ann verliest haar geliefde (Anns menselijke geliefde, de scenarioschrijver Jack Driscoll, gespeeld door Adrien Brody, is intussen ook op de top van het gebouw gearriveerd, maar kan moeilijk op tegen zijn sublieme rivaal). De enige overwinnaar is misschien wel het gebouw, het achtste wonder van New York zelf, maar ook die overwinning is niet zoet. Immers, het Empire State Building is opnieuw het grootste gebouw omdat het World Trade Centre (dat centraal stond in John Guillermins remake uit 1976, *King Kong: The Legend Reborn*, met Jessica Lange) een aanval door vliegtuigen niet overleefde...

In Jacksons *King Kong* blijft het technologische wonder van de sublieme architectuur niet helemaal immuun. Terwijl in de eerste versie uit 1933 Max Steiners dreigende muzikale soundtrack (een integraal onderdeel om het griezelige effect van de film te bereiken, aldus ook Prawer en Behlmer) onderbroken werd door het gebrom van de vliegtuigen, horen we naast de vliegtuigen en de droevige vioolmuziek ook het geluid van versplinterend glas van het Empire State Building. Net door dat geluid wordt de toren iets minder glad en

onaantastbaar. En misschien reveleert de kwetsbaarheid van het gebouw een nieuwe sublimiteit die het kitscherige ontwerp niet had. Juist door zijn fragiliteit wordt dat monument van commercie een symbool van ideale, romantische waarden als onvoorwaardelijke liefde en vrijheid, waarden die net als de sublieme heerser van Skull Island tot een ander tijdperk lijken te behoren. Daartegenover staat de technologie die het ons mogelijk maakt om de hoogte te exploreren en exploiteren, met de wolkenkrabber als baken in de lucht, maar die altijd ook tegen ons kan worden gebruikt, bijvoorbeeld door een geheimzinnig, ongrijpbaar netwerk van terroristen (die niet toevallig in de Amerikaanse media hoofdzakelijk geportretteerd werden als bebaarde primitievelingen die zich schuilhouden in grotten) met vliegtuigen.

BIBLIOGRAFIE

BURKE, E., *A Philosophical Enquiry into the Origin of our Ideas of the Sublime and the Beautiful. And Other Pre-Revolutionary Writings*, Penguin, Londen, 1998.

COOPER, M.C. en SCHOEDSACK, E.B., *King Kong. The Eighth Wonder of the World*, RKO Radio Pictures, 1993, DVD Editions Montparnasse, 2005.

Empire State Building, Official Website, http://www.esbnyc.com/tourism/tourism_facts

GROSS, A., 'Fresh Air. Interview with Rudy Behlmer about the soundtrack of King Kong (1933)', Philadelphia, WHYY Radio, 19 dec. 1999.

GUILLERMIN, J., *King Kong. The Legend Reborn*, Paramount Pictures, 1976.

HEININGER, J., 'Erhaben', in *Ästhetische Grundbegriffe. Historisches Worterbuch*, dl. 2, red. K. BARCK e.a., Metzler, Stuttgart, 2002, p. 275-310.

HINE, L.W., *The Construction of the Empire State Building*, http://www.nypl.org/research/chss/spe/art/photo/hinex/empire/empire.htm

http://npr. The Empire State Building. Present at the Creation.htm

JACKSON, P., *King Kong. The Eighth Wonder of the World*, Universal Pictures, 2005, DVD Universal Studios, 2006.

PRAWER, S., *S. Caligari's Children. The Film as Tale of Terror*, Oxford UP, Oxford, 1980.

VIDLER, A., *Warped Space. Art, Architecture and Anxiety in Modern Culture*, MIT, Massachussets, 2001.

VON DER THÜSEN, J., *Het verlangen naar huivering. Over het sublieme, het wrede en het unheimliche*, Querido, Amsterdam, 1997.

'Ladies and Gentlemen, I'm here to tell you a very strange story.
The story of our adventure in which 17 of our party suffered
horrible deaths... their lives lost... in pursuit of a savage beast,
a monstrous aberration of nature. But even the meanest brute can
be tamed. Yes, ladies and gentlemen, as you will see, the Beast was
no match for the charms of a girl. A girl from New York... who
melted his heart, bringing to mind that old Arabian proverb:
'And lo, the beast looked upon the face of beauty. And beauty stayed
his hand. And from that day forward, he was as one dead.'

'Dames en Heren, ik ben hier gekomen om u een heel vreemd verhaal te vertellen. Het verhaal van ons avontuur waarin 17 leden
van onze expeditie een gruwelijke dood stierven... hun leven verloren... tijdens de achtervolging van een wild beest. Een monstru-
euze aberratie van de natuur. Maar zelfs de gemeenste bruut kan
getemd worden. Ja, dames en heren, zoals u zult zien, was het Beest
niet opgewassen tegen de charmes van een meisje. Een meisje uit
New York... dat zijn hart deed smelten, wat me doet denken aan
dat oude Arabische spreekwoord: 'En zie, het beest aaschouwde het
gelaat van schoonheid. En schoonheid weerhield hem. En vanaf
die dag, was hij als een dode.'

Carl Denham, gespeeld door Jack Black, in Peter Jacksons *King Kong*.

VAN SCHELDNAAM TOT ICOON
75 JAAR BOERENTOREN

DIRK LAUREYS & MARC VAN POTTELBERGHE

Dit jaar viert een van de bekendste Antwerpse gebouwen, de Boerentoren, zijn 75-jarig bestaan. Na al die jaren gaat van deze eerste Belgische wolkenkrabber nog steeds een onverminderde fascinatie uit. De terughoudendheid die de bevolking aanvankelijk tegenover deze nieuwe architectonische en stedelijke typologie toonde, is verdwenen en heeft plaatsgemaakt voor een grote bewondering voor dit staaltje van technisch kunnen. Vanaf het begin was de Boerentoren trouwens meer dan een gebouw. Hij was niet alleen een dominant, van verre zichtbaar kenmerk van de stad, hij stond eveneens symbool voor de welstand en de dynamiek van de havenstad en visualiseerde de technische en maatschappelijke vooruitgang van de Antwerpse metropool. Het torengebouw illustreerde bovendien het prestige en de economische macht van de eigenaars, de Algemeene Bankvereeniging, en bleek voor hen in de jaren die volgden op de realisatie een belangrijk statussymbool en reclamemedium. Met de bouw van deze wolkenkrabber veroverde Antwerpen ook een plaats op de internationale architectuurscène. Met zijn 87,5 m was dit eerste Belgische torenhuis jarenlang een van de hoogste wolkenkrabbers in Europa.

HET AMERIKAANSE VOORBEELD

When we were twenty, around 1925, we heard about the skyscrapers. For us they symbolized America's fabulous prosperity. We discovered them with amazement in the films. They were the architecture of the future, just as the cinema was the art of the future and jazz the music of the future. (Jean-Paul Sartre, 1946)

Aan het einde van de 19de eeuw beschouwden velen de Verenigde Staten als de Nieuwe Wereld, het land met onbegrensde mogelijkheden, waar alles groter, duurder, sneller was dan in het oude Europa. Het was voor Europa in vele opzichten een indrukwekkend voorbeeld, het land van belofte, ook op het vlak van de architectuur. Over de meest Amerikaanse uitvinding op dat gebied, de skyscraper of wolkenkrabber, werd in Europa vrijwel vanaf zijn ontstaan met bewondering en ontzag, maar evenzeer met enig scepticisme geschreven en gesproken.

In de Verenigde Staten telden verschillende steden verbazingwekkend vroege hoogbouwcreaties. De speculatieve uitbuiting van de schaarse bouwpercelen joeg in die jonge, opbloeiende economische centra noodgedwongen het aantal etages van de gebouwen de hoogte in. De stijgende grondprijzen vergden immers een optimale en efficiënte benutting van elke vierkante meter van een perceel. Tegelijkertijd werden de technische voorwaarden voor de bouw van deze *sky buildings* geschapen: de uitvinding van het staalskelet, de techniek voor fundamenten met voldoende draagvermogen en de veiligheidslift die Elisha Otis in 1853 presenteerde. Vooral vanaf de jaren 1880 ontstonden met grote snelheid steeds hogere gebouwen. Gespecialiseerde teams van architecten en bouwvakkers bouwden de stalen geraamten tot duizelingwekkende hoogten, waarbij Chicago en New York elkaar afwisselend aftroefden. Aan de vooravond van de Eerste Wereldoorlog bereikte die wedloop een voorlopig hoogtepunt. Met zijn 260 m zou het Woolworth Building in New York (1913) zeventien jaar het hoogste gebouw van de wereld blijven.

In België had men, zoals in de overige Europese landen, rond 1900 een behoorlijk gedetailleerd beeld van de Verenigde Staten. Ook hier groeide, onder meer dankzij de fotoreportages en ooggetuigenverslagen in allerlei drukwerken, de belangstelling voor het verschijnsel van de wolkenkrabber. In dag- en weekbladen en in gespecialiseerde architectuurtijdschriften en -publicaties kwamen ze op vele manieren ter sprake. Hun constructie, hun stevigheid, de snelheid bij de bouw en de fabelachtige kosten, hun daktuinen, de brandveiligheid, hun stedenbouwkundige en architectonische waarde, het voortdurend verbreken van hoogterecords, hun capaciteit en hun functies waren onderwerpen die regelmatig aan bod kwamen. Sommige architecten die zich voor de Eerste Wereldoorlog aan een transatlantische overtocht waagden, drukten in lyrische bewoordingen hun bewondering uit voor het skyscraperfenomeen. Een enkeling vond in het lichtende voorbeeld van de Amerikaanse grootsteden zelfs inspiratie voor even bevlogen als gekunstelde visioenen over de stad van de toekomst. Torengebouwen en gescheiden verkeersstromen typeerden er de imaginaire metropolen.

1.

L'ARCHITECTURE DE L'AVENIR.

COTTAGES BUNGALOWS FOR RENT

FLATS AND APARTMENTS TO LET

OFFICES TO LET

Cette innovation dans l'art de bâtir nous vient d'Amérique. Les Skyskrappers ont pris de telles proportions que la plate-forme supérieure offre suffisamment d'espace pour y construire des villas; de cette manière, les industriels et gens d'affaires, dont les bureaux sont établis à l'étage, n'auront plus, le soir, à gagner la banlieue pour respirer l'air après une journée de travail.

3.

1. De skyline van New York anno 1912. (Architectuurarchief Provincie Antwerpen)

2. De architectuur van de toekomst: skyscrapers met kantoren en woningen. Cartoon uit *Le Patriotte Illustrée*, 20 april 1913. (Architectuurarchief Provincie Antwerpen)

3. De fascinatie van sommige architecten voor het wolkenkrabberfenomeen vertaalde zich in ontwerpen van spectaculaire en nooit gerealiseerde skyscrapers. Jean Hendrickx, *Ontwerp wolkenkrabbers met vliegveld*, omstreeks 1918. (Archives d'Architecture Moderne)

Het is echter pas na de Eerste Wereldoorlog dat in Europa bij architecten en bouwheren het verlangen naar de bouw van een 'torenhuis' echt ontwaakte, al bleven architecturale fantasieën met wolkenkrabbers in de hoofdrol nog decennialang een prominente rol spelen. Discussies over de voor- en nadelen van hoogbouw en torengebouwen in het bijzonder laaiden hoog op. De echte confrontatie met het hoogbouwvraagstuk volgde in 1922, met de legendarische architectuurwedstrijd voor de nieuwe zetel van de *Chicago Tribune*. De uitgevers van die succesvolle krant verlangden een nieuwe, bij hun status passende behuizing. De open prijsvraag voor dit kantoorgebouw met een maximale hoogte van 120 m, bracht de architectenwereld danig in beroering.

Tweehonderd drieënzestig Amerikaanse en Europese architecten namen deel. De wedstrijd speelde een belangrijke rol in de ontwikkeling en in de verspreiding van het skyscraperfenomeen in Europa, Latijns-Amerika en zelfs in Zuidoost-Azië. Alle trends waren vertegenwoordigd onder de ingezonden ontwerpen en een hele nieuwe generatie Europese architecten verscheen op de scène. Talrijke vertegenwoordigers van het Nieuwe Bouwen zagen in de Amerikaanse prijsvraag overigens een gelegenheid de vormentaal van de moderne Europese architectuur aan te wenden voor een torenflat.

In België kwam het hoogbouwdebat schoorvoetend op gang. Er bleef bij de architecten een zekere ambivalente houding tegenover wolkenkrabbers bestaan. De fascinatie werd dikwijls getemperd door een kritische houding, of soms zelfs een heftige verwerping van die nieuwe vorm van bouwen. Voor de tegenstanders waren die 'olifant-gebouwen' irrationeel, destructief en ongeschikt voor onze oude steden. Zij waren overtuigd dat de mens niet verticaal kon wonen. De anderen propageerden torengebouwen als een goede en veelbelovende vorm van woningbouw, als 'echt nieuwe architectuur, die mooi is en perfect beantwoordt aan de noden en economische mogelijkheden van de 20ste eeuw'. De zeldzame wolkenkrabbers die uiteindelijk toch gebouwd werden, bleven echter geïsoleerde projecten en waren heel wat lager dan de gelijktijdige Amerikaanse exemplaren. Slechts bij sommige studieopdrachten, wedstrijdontwerpen of utopische projecten doorbraken de ontwerpers de kleine schaal en werkten ze meer omvattende concepten uit.

In Antwerpen leidde de samenwerking tussen stadsbestuur, bouwheer en architecten tot de bouw van de eerste Belgische wolkenkrabber. Een van de grote bezielers was ongetwijfeld architect Jan Vanhoenacker, die na een bezoek aan de Verenigde Staten in de ban geraakt was van de skyscrapers en een van hun ferventste voorstanders werd. Of zoals hij enkele jaren later zelf stelde: 'Wat wordt er al niet tegen dezen stoutmoedigen bouwtrant ingebracht. Instortingen in drukke straten, epidemieën, moeilijkheden voor het verkeer, economisch bedrog en dies meer. En toch... staan de staalreuzen pal. Buiten eenige verachterde hygiënisten en economisten met ouwepeekensmentaliteit en die steeds in alle tijden komen achternahinken, is alleman akkoord om te verklaren dat deze nieuwe gebouwen woningen van goede hoedanigheid zijn.'

'EEN WAARDIGE AFSLUITING VOOR DE MEIR'

In Antwerpen klonk in de jaren 1920 de vraag steeds luider om de Meir, de belangrijkste Antwerpse handelsstraat, een visueel imposant sluitstuk te geven. Het bouwblok Schoenmarkt-Eiermarkt-Beddenstraat, zowat 3500 m² groot, bleek hiervoor de ideale plek. Het stadsbestuur nam het voortouw.

Voor die in 1914 door een Duits bombardement zo goed als vernielde buurt, koos het stadsbestuur niet zonder protest voor een hedendaagse inbreng: 'een monumentaal gebouw in den modernen bouwtrant', dat niet alleen als waardige afsluiting, maar ook als blikvanger voor de nakende wereldtentoonstelling van 1930 zou fungeren. Volgende verklaring van burgemeester Van Cauwelaert uit augustus 1928 vatte de bekommernissen van het stadsbestuur goed samen: 'Door de onteigening der Schoenmarkt wordt ons de mogelijkheid gegeven op eene bijzondere manier mede te werken aan dit complex door den hoofddader van Antwerpen een stempel te geven van dezen tijd, zonder een onsamenhangend geheel te vrezen. De bedoeling van het college is alleen grootsch, modern te zijn, zonder het uitzicht van de omgeving in gevaar te brengen.'

In 1928 bood zich, volgens sommigen op aansporen van architect Jan Vanhoenacker, een kapitaalkrachtige bouwheer aan, de Algemeene Bankvereeniging. Gelijklopende belangen van stad en bouwheer verklaren wellicht waarom er net daar en dan een

De architectuurwedstrijd voor de Chicago Tribune Tower van 1922 was de eerste grootschalige confrontatie van de Europese architectuurwereld met het skyscraperfenomeen. Wedstrijdontwerpen van Jan Vanhoenacker, Eliel Saarinen, Walter Gropius-Adolf Meyer en Adolf Loos. (Architectuurarchief Provincie Antwerpen)

1. De skyscraper werd in de loop van de jaren 1930 het onderwerp van verschillende studie-opdrachten en wedstrijden. Victor Blommaert, academieontwerp 'Torengebouw', 1934. (Architectuurarchief Provincie Antwerpen)

2. Met zijn torenhuisontwerpen legde de Antwerpse stadsbouwmeester Emiel Van Averbeke mee de basis voor het Boerentoren-verhaal. Perspectieftekening van een torengebouw, circa 1928. (Architectuurarchief Provincie Antwerpen)

3. Luchtopname van de Groenplaats en het braakliggende terrein aan de Schoenmarkt, 1928. Op de onbebouwde gronden werden achtereen-volgens de uitbreiding van de Grand Bazar en de Boerentoren opgetrokken. (Architectuurarchief Provincie Antwerpen)

torengebouw of wolkenkrabber opgericht werd in hartje Antwerpen, op een moment dat er in België amper sprake was van skyscrapers.

De Algemeene Bankvereeniging werd in mei 1921 in Antwerpen opgericht. Initiatiefnemer was de succesvolle Volksbank van Leuven, gesticht in 1889 door de bekende Vlaamse en sociaal bewogen politicus, architect en hoogleraar Joris Helleputte. Het startkapitaal kwam behalve van de Volksbank, de Bank voor Handel en Nijverheid en Gustaaf Sap (ten persoonlijken titel), voor een groot deel van een groep Vlaamsgezinde industriëlen, onder wie Lieven Gevaert, L. Bouchery, Henry Gylsen en Frans Van Cauwelaert. De laatste twee, Van Cauwelaert en Gylsen, speelden een belangrijke rol in het Boerentorenverhaal. Eerstgenoemde was op dat moment een bekende flamingant en politicus en van 1921 tot 1933 burgemeester van Antwerpen. Gylsen was een zeer vermogende Antwerpse reder die behoorde tot de vriendenkring van zowel Van Cauwelaert als Sap. Hij was in de bank steeds het centrale aanspreekpunt wanneer de Boerentoren ter sprake kwam. Hij volgde de werken op de voet en schreef daarover vele brieven en nota's richting P. Delbaere, de toenmalige voorzitter van de Algemeene Bankvereeniging.

Burgemeester Van Cauwelaert ijverde, in volle voorbereiding op de Antwerpse wereldtentoonstelling van 1930, voor een moderne stadswijk in het midden van de stad, ter hoogte van het in 1914 kapotgeschoten perceel Schoenmarkt-Beddenstraat. *Het Handelsblad* van 9 augustus 1928 verduidelijkt zijn aspiraties: 'Bovendien is het de uitdrukkelijke wens van de stad dat het eerste lot, en dat, toebehoordende aan de groote bazaar, in orde zouden zijn tegen de wereldtentoonstelling van 1930. Indien de grond in kleine percelen verkocht werd, zou men even goed als nu de koopers kunnen verplichten dadelijk te bouwen, maar wie zegt dan dat er voor al de percelen koopers zouden gevonden zijn. In dit geval zouden kleine deelen nog braak liggen. Het is juist dat wat de stad wilde vermijden... Zij wil eenvoudig in de omgeving van de Meir een prachtige moderne stadwijk stichten... Verder zal het grote gebouw op den hoek van de Ste-Katelijnevest en de Meir, en dat een jaar geleden door de Agence Marit. Internationale aangekocht werd, zoals wij reeds melden, afgebroken worden... Ook tegen 1930 zal op dien hoek dan een groote moderne bouw verrijzen.' In het artikel 'Antwerpen groeit' uit

1929 verheugt Van Cauwelaert zich in de nakende realisatie van zijn plannen. 'En zelfs het hart van Antwerpen ondergaat een weldadige verjonging. Niet verre van den O. L. Vrouwetoren en het Stadhuis, de tempels van de geestelijke krachten die de grootheid van Antwerpen hebben gebaard en nog steeds onderhouden, zal een indrukwekkend complex van groote moderne gebouwen binnen kort getuigen van de economische kracht en van het onverwoestbaar zelfvertrouwen van onze Antwerpsche zakenwereld.'

De cruciale vraag was echter wie dat ambitieuze project zou financieren? De Algemeene Bankvereeniging was op dat moment op zoek naar meer aangepaste ruimtes voor de te klein geworden kantoren in de Lange Nieuwstraat. Zij wenste een meer prominente uitvalsbasis en was bereid om een prestigieus en gedurfd gebouw te laten optrekken op het perceel Schoenmarkt-Beddenstraat. Dat ze op die manier de op dat moment overwegend Franstalige financiële sector ook kon tonen dat ze als Vlaamse bank meetelde, was mooi meegenomen. De keuze voor een skyscraper paste in dat opzet: geïmporteerd uit Amerika en toonbeeld van vernieuwing, durf en moderniteit. Twijfels die omtrent die voorkeur in bankkringen rezen, werden uiteindelijk overwonnen. Zo stelde het hoofdbestuur van de Boerenbond, hoofdaandeelhouder van de Algemeene Bankvereeniging, de keuze van een wolkenkrabber nog in vraag in een vergadering van 30 oktober 1928: 'Te Antwerpen, op een zeer goede plaats zijn gronden aangekocht geweest waar de nieuwe bank zal opgericht worden, en dat gebouw is die fameuze wolkenkrabber waarover zooveel is geschreven. Met dat wolkenkrabben hebben wij niets gemeens. Het is een verplichting door de stad opgelegd van te bouwen volgens het plan door haar voorgelegd. Die wolkenkrabber is een uitvinding van den bouwmeester der stad. En moest het gebouw lager worden, ik denk dat het zeer welkom zou zijn bij de beheerders van de nieuwe bank.' Ondanks alle twijfels werd enkele maanden na de definitieve toewijzing de koop gesloten en door de bevoegde overheden goedgekeurd.

DE ARCHITECTEN

JAN VANHOENACKER (1875-1958)

Jan Vanhoenacker bouwde tijdens zijn bijna 60-jarige carrière een bijzonder productieve praktijk uit. Vanuit zijn verschillende kantoren verwezenlijkte hij de meest uiteenlopende projecten in de provincies Oost- en West-Vlaanderen, Antwerpen en Brabant. Hij ontwierp aanvankelijk vooral in verschillende neostijlen en een sobere art nouveau; na de Eerste Wereldoorlog ging zijn voorkeur achtereenvolgens uit naar art deco en een gematigd modernisme.

Na zijn opleiding in Kortrijk en Antwerpen startte Vanhoenacker in zijn geboortestad Kortrijk (1900) en in zijn woonplaats Antwerpen (1902) met een eigen architectenbureau. Tot 1914 lag het zwaartepunt van zijn activiteiten nog in Kortrijk. Hij ontwierp er talrijke woningen, een tuinwijk met begijnhofallures (Van Ackers Hof, 1912 e.v.) en de stadsschouwburg in neo-Vlaamse renaissance (1911-1920). Elders, zoals in de Antwerpse Kempen, aan de Belgische kust en in verschillende Vlaamse steden, verwezenlijkte hij woningen, winkelhuizen, scholen en kloosters. Vlak voor de Eerste Wereldoorlog tekende hij samen met Van Beurden ook de plannen voor een nieuwe Antwerpse Diamantbeurs (1913). Het beaux-artsgebouw werd pas in 1920 voltooid.

Na de oorlog associeerde Vanhoenacker zich met John Van Beurden en Jos Smolderen. Het bureau ging van start met enkele wederopbouwprojecten in de Westhoek. Verschillende grootschalige projecten, waaronder enkele sociale woningcomplexen, kwamen tot stand in Antwerpen. Hier zette de art deco zich duidelijk door. De constructieve kennis en het esthetische talent van respectievelijk Vanhoenacker en Smolderen vonden elkaar in het eerste Belgische torengebouw, de Boerentoren (1928-1931). In eenzelfde art decovormgeving ontwierpen Vanhoenacker, Van Beurden en het bureau Cols-De Roeck het Century Hotel (1929).

Omstreeks 1930, toen de samenwerking tussen de drie architecten werd stopgezet, onderscheidde Vanhoenacker zich nog met enkele wedstrijdontwerpen, onder meer voor een wolkenkrabber in Sint-Joost-ten-Node (1934) en een dierentuin nabij Brussel (1936), die echter zonder gevolg bleven. Ook na de Tweede Wereldoorlog bleef hij actief, maar zijn opdrachten hadden niet meer de omvang van voorheen.

JOS SMOLDEREN (1889-1973)

Jozef Smolderen was een veelzijdig architect met uitgesproken ideeën over architectuur, stedenbouw, architectuuronderwijs en monumentenzorg. Zijn oorspronkelijke voorliefde voor de monumentale beaux-artstraditie maakte vanaf de jaren 1920 plaats voor een eigentijdse vormentaal, die evolueerde van een eigenzinnige art deco naar een statige vorm van modernisme.

Door de Eerste Wereldoorlog werd de doorbraak van de pas afgestudeerde Smolderen tijdelijk uitgesteld. Na de oorlog oogstte hij succes in talrijke architectuurwedstrijden, zoals die voor de inrichting van de Meirbrug en omgeving in Antwerpen (1919). In 1921 associeerde Smolderen zich met Jan Vanhoenacker en John Van Beurden. Het bureau nam deel aan de wederopbouw in de Westhoek en bracht in en rond Antwerpen talrijke woon- en kantoorcomplexen tot stand, zoals de Boerentoren (1928 e.v.)

en een sociaal woningcomplex op het Kiel (1924 e.v.). Intussen bleef Smolderen privé deelnemen aan tal van wedstrijden en verwierf zo enkele opdrachten, bijvoorbeeld voor het Mémorial Interallié, een indrukwekkend ensemble van een religieus en burgerlijk monument in Cointe bij Luik (1924/1925 e.v.). Vanaf 1926 maakte hij ook naam als hoofdarchitect van de wereldtentoonstelling van 1930 in Antwerpen.

Vanaf de late jaren 1920 ging Smolderen zijn eigen weg. Hij werd een van de belangrijke voorvechters van een moderne religieuze architectuur in België en toonde zich een bedrijvig stedenbouwkundige, zoals blijkt uit zijn plannen voor de aanleg van de Noordergronden en de Linkeroever in Antwerpen (1931-1932). Ook engageerde hij zich in het architectuuronderwijs van zijn geboortestad. Na de Tweede Wereldoorlog bevestigde Smolderen zijn voorkeur voor een meer functionele en sobere architectuur. Zijn belangrijkste realisatie in die periode, de sociale woningbouw aan de Jan De Voslei in Antwerpen (1954 e.v.), illustreert die aanpak. Met enkele gedurfde ontwerpen voor de Peugeotbuilding in Buenos-Aires (1961) sloot hij zijn loopbaan af.

EMIEL VAN AVERBEKE (1876-1946)

Van Averbeke profileerde zich van meet af als een vooruitstrevend architect. In het begin van zijn carrière was hij een van de grote promotoren van de art nouveau in Antwerpen, later, in stadsdienst en daarbuiten, zocht hij aansluiting bij de avant-garde en toonde zich een fervente aanhanger van een sobere, moderne architectuur.

In 1892, tijdens zijn opleiding aan de Koninklijke Antwerpse Academie (1888-1894), ging Van Averbeke in dienst bij architect Emile Thielens en werkte er onder meer mee aan de verdere uitbouw van de Antwerpse Zoo. Vanaf circa 1898 voerde Van Averbeke zijn eerste opdrachten uit als zelfstandig architect. Hij ontwierp een aantal opmerkelijke art nouveauwoningen en -landhuizen en was betrokken bij het ontwerp van het liberale volkshuis Help u zelve (1899). Hij ontpopte zich ook als een begaafd tekenaar en was actief op het gebied van de toegepaste kunsten.

In 1905 ruilde hij de onzekere loopbaan van zelfstandig architect voor een betrekking in dienst van de stad Antwerpen. Hij doorliep er de hiërarchie en werd in 1920 benoemd tot stadshoofdbouwmeester. In die functie had Van Averbeke een grote invloed op het architectuurgebeuren en de architectuurproductie in Antwerpen. Hij genoot tevens een groeiende bekendheid, onder meer dankzij de ontwerpen van enkele brandweerkazernes, en kon rekenen op ruime waardering in architectenmilieus. In de jaren 1920 evolueerde Van Averbeke ook naar een meer sobere en functionele architectuur. Bekend werd hij door het tentoonstellingsgebouw voor Oude Vlaamse Kunst (later stedelijke normaalschool) en het stadspaviljoen, allebei ontworpen voor de Antwerpse wereldtentoonstelling van 1930. Van zijn hand zijn ook de ventilatiegebouwen van de Scheldetunnels (1933) en zijn syntheseontwerp voor de stedenbouwkundige aanleg van Linkeroever (1934). Intussen werd hem het algemeen beheer van de Dienst voor Stadsgebouwen toevertrouwd. Op het einde van zijn carrière nam hij de restauratiewerkzaamheden van het Rubenshuis op zich (1939 e.v.). In het jaar van zijn overlijden werd hij er conservator.

Ce petit bout de tour là-bas, c'est la Cathédrale...

1. A. Nicolaïdis, *Karikatuur van de architecten Jan Vanhoenacker, met Boerentoren, en Jos Smolderen, met Eeuwfeestboog en Christus Koningkerk*, 1930.
(Architectuurarchief Provincie Antwerpen)

2. Hekeldicht over de Boerentoren van A. Gilon. Uit *Le Matin*, 25 februari 1930.
(KBC-Historisch Archief)

3. *'Quand les gratte-ciel auront poussé'*. Cartoon uit *Le Matin*, 12 april 1929.
(KBC-Historisch Archief)

DE BOERENTOREN

De son or, ne sachant que faire,
Le Boerenbond audacieux
Entassant les produits de la terre,
Rêve d'escalader les cieux.

Après la raffle à la surface,
Il creuse et va profondément
Chercher du fer pour qu'on en fasse,
Des piliers pour le firmament.

Et pour nous montrer sa puissance
Par un monument orgueilleux
Ecrasant toute l'ambiance,
Il veut qu'on ouvre de grands yeux

Qu'en arrière, jetant la tête
Au risque d'un torticolis,
On s'efforce de voir le faîte
De la tour aux mille logis.

Qui donc aurait cru que des cendres,
Qu'ici même a fait l'Allemand,
Un tel phénix, gloire des Flandres
Pût renaître, grâce au froment.

Afin que le Boer de passage,
Puisse à son aise contempler
Le palais fait de son fourrage
Et devant lui se prosterner.

On lui fait une large place
En expropriant tout autour.
Ainsi, il aura de l'espace
Pour mesurer des yeux, sa tour.

Mais c'est uniquement pour elle
Qu'au prix de nombreux millions,
Pour d'aucuns simple bagatelle,
L'on fait ces démolitions.

Car la cathédrale si belle,
Pour faire valoir la splendeur
De sa miraculeuse dentelle,
N'obtient pas pareille faveur.

On la cache sous la vermine,
La lèpre d'affreuses maisons
Qui font à sa robe d'hermine,
D'ignobles dessous de souillons

Mais le temple de la prière,
Vient après celui du boursier,
Depuis que l'on voit le vicaire
Se transformer en financier.

A. Gilon

HET ONTWERP

Als architecten werden Jan Vanhoenacker en Jos Smolderen aangesteld. Vanhoenacker dankte zijn aanduiding tot architect wellicht aan zijn goede connecties met de bankwereld. Bovendien had hij, onder meer dankzij zijn anonieme deelname aan de wedstrijd voor de bouw van de Chicago Tribune Tower in 1922, al enige kennis opgedaan over die nieuwe manier van bouwen. Smolderen, geassocieerd met Vanhoenacker, kende via zijn wedstrijdontwerpen voor de heropbouw van de Schoenmarkt en de Meirbrug van 1919 de architecturale en stedenbouwkundige mogelijkheden van de buurt. Emiel Van Averbeke, hoofdbouwmeester van de stad, vervulde namens de stad een adviserende en controlerende rol. Vanhoenacker was in dat samenwerkingsverband de eerste contactpersoon van de bank. Hij leidde de werken en ondertekcndc, in naam van de drie architecten, de meeste plannen. Smolderens bijdrage lag vooral op het vlak van de inplanting en vormgeving van het gebouw. Inrichting en decoratie van de gemeenschappelijke ruimten en bankkantoren waren een gezamenlijk project. De inrichting van de appartementen en particuliere kantoren werd in individuele contracten met een van de architecten geregeld.

Door het ontbreken van voldoende en betrouwbaar historisch bronnenmateriaal is het ontwerpproces moeilijk te reconstrueren. De tekeningen van een torenhuis die Van Averbeke waarschijnlijk al in 1927-1928 maakte, zouden het uitgangspunt geweest zijn voor Vanhoenackers eerste ontwerpen uit 1928. Het zijn Van Averbekes tekeningen die bij de verkoopakte van de gronden gevoegd waren en die een leidraad moesten zijn bij het uitwerken van het definitieve ontwerp. Van Averbeke en Vanhoenacker dienden datzelfde jaar, nog voor de eigenlijke verkoop van de grond, gezamenlijke ontwerpen in bij het stadsbestuur. Smolderen was, zo blijkt uit enkele dossiers, niet betrokken bij die eerste ontwerpen, hoewel zijn naam voorkomt op verschillende tekeningen. Wel maakte hij, mogelijk al vanaf begin 1928, op eigen initiatief verschillende schetsen en tekeningen.

Op basis van de tekeningen van Van Averbeke en Vanhoenacker werd een maquette gemaakt en tentoongesteld in de stadsfeestzaal in juli 1928. Het voorgestelde project lokte veel kritiek uit. Dikwijls gingen hierbij de zorg voor het behoud van het historische stadsbeeld en erfgoed en partijpolitieke motieven hand in hand. De Antwerpenaar was blijkbaar nog niet rijp voor het 'hoogbouwtijdperk'.

Opvallend was dat de scheidingslijn tussen voor- en tegenstanders niet geheel toevallig tussen katholieken en liberalen liep. Het toenmalige stadsbestuur bestond immers uit een coalitie tussen katholieken en socialisten, met de katholiek Van Cauwelaert als burgemeester, terwijl de liberalen in de oppositie zaten. Beide kampen maakten in de hele polemiek ten volle gebruik van 'hun' kranten: de *Gazet Van Antwerpen* gold als spreekbuis van de katholieken, *De Nieuwe Gazet* en de twee Franstalige bladen *Le Matin* en *Neptune* waren van liberale strekking. Zo vonden de liberalen het vermakelijk én irriterend dat 'de boeren' ook ambities hadden om in het traditioneel francofone en liberale bankmilieu naam te maken. *Le Matin* schreef op 27 augustus 1928: '*Car tel est le but: abimer la plus belle perspective d'Anvers pour montrer au touriste, dès qu'il a traversé la rue Leys, que les 'Boerenbonden' sont maîtres de la place. Si l'on osait, on placerait un panneau-réclame sur la tour de la cathédrale elle-même. On sacrifierait au veau d'or le temple où ces mêmes vandales vont prier, – et Dieu laisserait faire ! Un gratte-ciel en cet endroit !* De Nieuwe Gazet liet zich niet onbetuigd. In haar editie van 28 augustus 1928 orakelde ze, onder de kop 'De Toren van den Boerenbond': 'Wordt de toren van den Boerenbond een tweede editie van den toren van Babel?' Op 29 augustus kopte ze: 'Het schandaal voltrokken. Antwerpen in de handen van de Boeren-Soviët. Een verpletterend rekwisitorium. In den gemeenteraad gestemd. De Esthetiek, opgeofferd aan de Financie.'

Ook het esthetische aspect werd aangegrepen om kritiek te spuien. Vooral de schade die een torengebouw op die plaats zou aanrichten aan het gezicht op de enige échte toren, de kathedraal, kwam ter sprake. Hier werden de partijbelangen overschreden. Iedereen had in die dagen blijkbaar een mening over modernisme versus oude stijl, en (gemanipuleerde) fotomontages en cartoons werden niet geschuwd om het publiek te overtuigen dat de Boerentoren de kathedraal helemaal zou wegdrukken. Volgens de critici was men ook elders in Europa de wolkenkrabbers weinig genegen. In *Le Neptune* van 10 oktober 1928 werd onder de titel *'À propos de l'éléphanthiasis du Boerenbond. Plus qu'un crime. Une faute ! Les grandes règles de l'urbanisme moderne'* het voorbeeld van Frankrijk aangehaald waar men blijkbaar allerlei acties opzette

Jos Smolderen maakte al in de loop van 1928
schetsen en tekeningen voor een torengebouw.
Zijn creaties zetten de architecten definitief in
de richting van het uiteindelijke ontwerp.
(Privéverzameling)

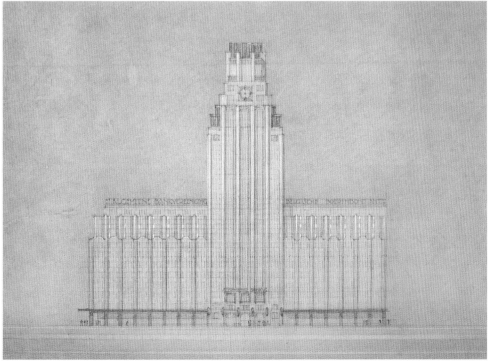

en wetsvoorstellen indiende om de bouw van skyscrapers tegen te houden, zeker in de historische steden. Hetzelfde deed *De Nieuwe Gazet* in zijn nummer van 14 november 1928. Onder de titel 'Aan de orde van den Dag. Torenhuizen in Europa' verwees het blad naar voorbeelden in Nederland (Amsterdam) en voornamelijk Duitsland, waar volgens de door de krant aangehaalde bronnen een zeer grote tegenstand bestond om wolkenkrabbers te bouwen in historische steden. Nog steeds volgens de krant kwam de tegenstand vooral van de bekendste architecten uit het betrokken land.

Dat het Antwerpse publiek er hoe dan ook erg mee bezig was, bewijst een stukje in een krant van januari 1930: 'Op sommige oogenblikken van den dag is de ingang van de Schoenmarkt een gevaarlijk verkeerspunt. Terwijl de voertuigen elkaar onophoudend kruisen, en de trams rinkelend voorbij schuiven, is het niet altijd gemakkelijk, zich op het gaanpad een weg te banen. De menschen staan met den neus in de lucht. Zou het niet een waarachtige opgave voor een raadsel van groot "allure" zijn: "hoeveel honderden menschen staan, iederen dag, den ijzeren toren te bekijken ?" Er zijn in onze stad weinig zaken die zoo voortdurend de belangstelling gaande houden. Het publiek volgt den vooruitgang van de werken met een werkelijk fanatisme. Vanuit de aanbollende tramrijtuigen ziet men de hoofden turen. Het is alsof iedereen zich persoonlijk wil overtuigen of heel dat ijzeren gevaarte op elkander staat...'

Om al de kritiek te ontzenuwen, besloot het stadsbestuur advies te vragen aan een speciaal daartoe samengestelde commissie van architecten, bestaande uit Victor Horta, Henry van de Velde en Hendrik Petrus Berlage. Zij kregen een nieuw project met maquette voorgeschoteld, ontworpen door Smolderen in oktober-november 1928. Het onderscheidde zich van de vroegere ontwerpen door de grotere verticale oriëntatie en een andere inplanting van de toren. Zijn tekeningen betekenden een belangrijke stap in de richting van het uiteindelijke ontwerp.

Einde 1928 kwam het verlossende bericht. De commissie zette het licht op groen. De ontwerpers moesten alleen de zijvleugels verlagen om een betere integratie in de stedelijke context te bevorderen. Het goedgekeurde ontwerp werd tijdens de volgende maanden verder uitgewerkt. Dit hele proces van tekenen en hertekenen resulteerde in de plannen van maart 1929. Die plannen, ondertekend door de drie architecten, werden samen met de uiteindelijke bouwaanvraag goedgekeurd op 14 februari 1930. Door de vele wijzigingen die de realisatie uiteindelijk met zich meebracht, werd die versie in 1931 een laatste maal aangepast.

Nog vóór de eigenlijke goedkeuring had de bank het startsein gegeven voor de werken. Graaf- en funderingswerken waren al achter de rug, het staalskelet opgetrokken. In totaal nam de bouw drie jaar in beslag. De definitieve oplevering gebeurde einde 1931. Op 29 maart 1932 verhuisde de bank naar haar nieuwe kantoren.

'EEN MONUMENTAAL GEBOUW IN MODERNEN BOUWTRANT'

Van de beschikbare 3500 m² werd aanvankelijk slechts circa 2300 m² bebouwd. Aan de Schoenmarkt plaatsten de architecten een toren van 24 verdiepingen hoog, bekroond met een waterreservoir en geflankeerd door twee lagere vleugels. Het volume in de Beddenstraat sloot hierbij aan. Achter de toren, geprangd tussen de verschillende vleugels, werd een dubbelhoge hal met gaanderij opgetrokken, bekroond met een grote lichtkoepel.

Zoals bij de meeste Amerikaanse voorbeelden uit die tijd vormde een metalen geraamte de kern van het hele gebouw. 'Immers geen wolkenkrabbers zonder metalen geraamte', schreef Vanhoenacker in 1935. 'Men kan geen zoo hooge bouwen oprichten met dragende muren in steen. De verkregen toren zou, door de dikte der muren, onbewoonbaar zijn en den prijs eener stad kosten. Ook het gewapend beton dient uitgeschakeld om zijn beperkte mogelijkheden. Immers boven vijftig meter wordt dit synthetisch materiaal haast onbruikbaar, doordien zijn gewicht en omvang oorzaak zijn dat, reeds op zulke betrekkelijk kleine hoogte, een groot deel van het bewoonbaar grondvlak verloren gaat. Het metalen geraamte alleen laat toe in de hoogte te bouwen, terwijl de muren steeds tot een minimum-dikte herleid blijven; het is steeds staal, omdat dit metaal, aan gelijk gewicht, het grootste weerstandsvermogen heeft.' Omdat voorzien was dat de toren enkele centimeters meer zou zakken dan de rest van het gebouw, werd hij volledig onafhankelijk gebouwd en 'door kunstige gewrichten met de nevengebouwen verbonden'. Het staalskelet was geplaatst op een ondoordringbare funderingsplaat van gewa-

De Boerentoren werd in recordtijd opgetrokken.
Tussen de constructie van het staalskelet en de definitieve oplevering
van het gebouw verliepen amper twee jaar.
Eigentijdse foto's, 1929-1931.
(KBC-Historisch Archief; Architectuurarchief Provincie Antwerpen)

J. Vanhoenacker, J. Smolderen en E. Van Averbeke, doorsnede van het Torengebouw, 1929. (Architectuurarchief Provincie Antwerpen)

pend beton en werd opgevuld met baksteen en beton. Vanwege het opgelegde gebruik van natuursteen kregen de gevels een parement van witte kalksteen. Voor een kleuraccent zorgde de granieten en marmeren bekleding van de inkompartij.

De toren tekent zich af als een solide, verticale massa, op elke hoek benadrukt door balkvormige volumes. Typisch voor dit Amerikaans geïnspireerde torenontwerp is het compromis dat wordt aangegaan met de bestaande stedelijke omgeving. De laagbouw die zich integreert in het stadsbeeld is een soort van alibi voor het eigenzinnige, verticale streven van de toren. Dat streven wordt beklemtoond door de trapvormige opbouw, de staande venstervormen en de vooruitspringende, oplopende muurdammen, waarachter de stalen kolommen schuilgaan.

De toren en zijn twee vleugels volgen de gebogen rooilijn. Beide vleugels zijn opgetrokken tot een hoogte van zeven bouwlagen, met daarboven nog eens drie inspringende verdiepingen. Opvallend is de verschillende uitwerking van de laagste en de bovenste drie verdiepingen. Brede rechthoekige ramen contrasteren met de bovenliggende erkervormige en staande raampartijen. De zevende verdieping is bekroond met een fries waarop panelen met halfverheven beeldhouwwerk. De panelen, vermoedelijk naar een ontwerp van architect Smolderen, stellen gestileerde planten- en dierenmotieven voor. De vleugel in de Beddenstraat kreeg een gelijkaardige vormgeving.

Vanhoenacker, Smolderen en Van Averbeke kozen voor een logische planopbouw, een heldere vormgeving en een uitgesproken monumentaliteit. Voorbijgestreefde stijlen werden als middel tot representativiteit afgewezen. De architecten hanteerden een sobere art-decoarchitectuur, modern zonder radicalisme, aantrekkelijk zonder extravagantie, rijk maar nog toegankelijk. De streng gestileerde kariatiden boven de hoofdingang, gebeeldhouwd door Arthur Pierre, en de intussen verdwenen interieurs zijn in dat opzicht illustratief.

EEN KANTOOR- EN WOONTOREN

Het Torengebouw was eigenlijk opgezet als een speculatieve onderneming. Het ging de bankmaatschappij niet alleen om een nieuwe bedrijfszetel, het project was ook gekoppeld aan een belangrijke vastgoedoperatie. Naast de huisvesting van de eigen diensten moest het Torengebouw, en wel voor het grootste deel, ruimte scheppen voor winkels en huurappartementen en -kantoren. Het gebouw was voorzien van vooruitstrevende technische installaties, een batterij liften voorop, naast centrale verwarming, eigen elektriciteitscentrales en dergelijke.

Aan de Schoenmarkt kwamen op de begane grond de officieel verplichte winkelruimtes en de toegang tot de appartementen en de bank. Vanuit de centrale hal was er een doorgang naar een grote, heldere ruimte met loketten. Rond die dubbelhoge loketzaal werden verschillende afdelingen van de bank samengebracht. Vanuit de hal vertrok ook een monumentale trap naar de eerste verdieping. Daar bevond zich naast appartementen, kantoren en de reeds genoemde gaanderij, de Tearoom Cuperus. Kranten en tijdschriften spraken vol lof over het interieur en vermeldden 'de Japanse versiering' waar het meubilair zo goed bij paste, 'de licht-grijze zoldering met modern-Japaansche schilden en de groote, harmonisch gekleurde vazen, draken, leeuwen, bouddabeelden en stijlvolle verlichtingstoestellen'.

De onderkelder was bestemd voor allerlei technische voorzieningen, magazijnen, kluis en kofferzaal. De bovenkelder herbergde het café-restaurant Torenkelder, met biljartzaal en kegelbaan. 'Die in vierkante vakken verdeelde Torenkelder, geschraagd door flinke met bewerkt eikenhout belegde steunpilaren, waarrond scharen kussenbanken, stoelen en tafels, moderne verlichtingslampen zijn aangebracht, dit alles door een zacht gewelfde zoldering overkoepeld, bracht ons in herinnering terug, de eveneens allergezelligste Münchener drank- en spijskelders', schreef een bezoeker in 1933.

In de toren namen de kantoren maar een klein gedeelte in beslag. Hoe hoger men kwam, hoe meer appartementen en hoe minder kantoren waren voorzien. De tiende verdieping huisvestte jarenlang een restaurant, met een groot terras aan de zijde van de Schoenmarkt. 'Vooral des zomers is het daar een heerlijk zitje en, bij zonneweer, staan er overal gekleurde parasols, die van de Meir en van de Groenplaats, goed zichtbaar zijn.' De hoogste bewoonbare verdieping was de 23ste. Daarna volgden een panoramazaal op de 24ste en een waterreservoir op de 25ste verdieping, aan de buitenzijde herkenbaar door zijn koperen omhulsel. Het reservoir moest zorgen voor het nodige blus- en drinkwater. In de rechtervleugel van het torengebouw trof men hoofdzakelijk appartementen

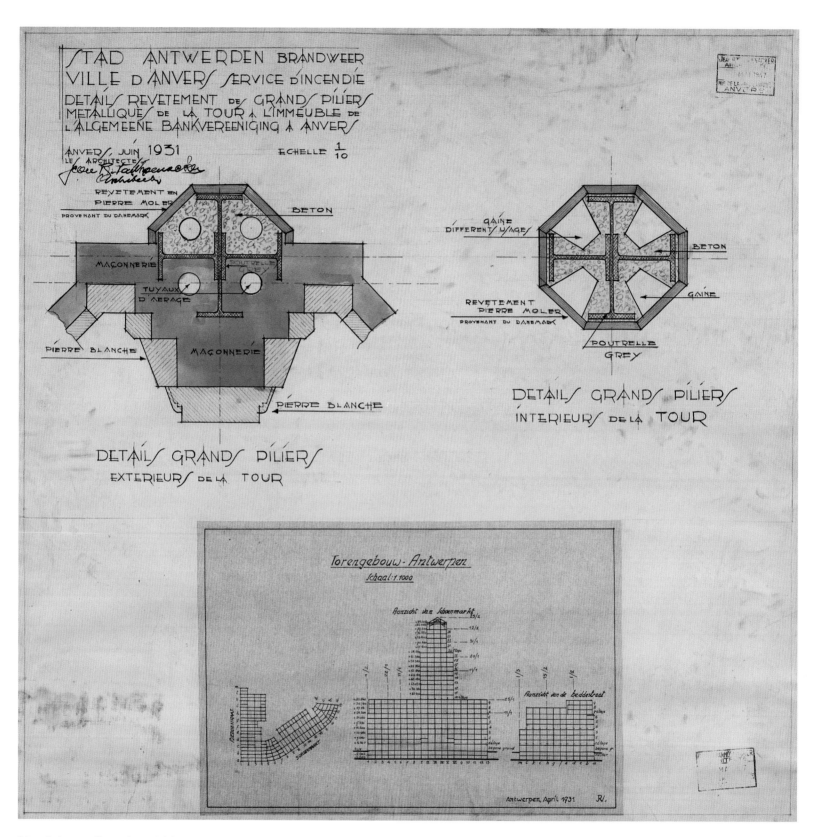

Schematische voorstelling van het staalskelet en constructietekening met opvulling en bekleding van de stalen pijlers, 1931. (Architectuurarchief Provincie Antwerpen)

DE BOERENTOREN IN CIJFERS

BOUWPERCEEL

2124,85 m^2 = perceelgrootte
7.200.000 Belgische frank = perceelprijs
7000 m^3 = hoeveelheid uitgegraven aarde
om het perceel bouwrijp te maken

HOOGTE

87,5 m = oorspronkelijk hoogte (1931)
100 m = hoogte na toevoeging relaiszender NIR in 1954,
met antennes zelfs 112,5 m.
Werd zo opnieuw tijdelijk het hoogste Europese wooncomplex.
95,75 m = hoogte na verbouwing van de top in 1975/1976

GEBRUIKTE MATERIALEN

3400 ton staal voor het geraamte
180.000 bouten en 430.000 klinknagels,
om de stalen gebinten aaneen te klinken
18.500 m^2 farco-ijzer
500 ton betonijzer
3.500.000 stuks Boomse baksteen
6000 m^2 mölersteen voor de buitenafwerking
350.000 stuks schwemsteinsteen voor de binnenmuren
1400 m^3 witte steen (Bourgogne)
3550 ton cement
5000 m^3 Rijnkiezel
6000 m^3 Rijn- en Scheldezand
2000 m^2 stalen ramen
900 m^2 (of 6 ton) koperen platen voor het waterreservoir

DIVERSE WEETJES

230 m^2 = inhoud waterbak op de 25ste verdieping.
Stond in voor de dagelijkse watervoorziening en voor bluswater in geval
van brand. Werd automatisch aangevuld met elektropompen die zich in
de onderkelders bevonden;
de twee oorspronkelijke torenliften brachten de bezoeker
met een snelheid van 1,5m/sec in ongeveer 1 minuut naar
de Panoramazaal; de liften legden soms 60 km per dag af
en vervoerden dagelijks zowat 6000 personen;
april 1930: reclame 'Solo' op de top van het pas voltooide stalen geraamte
was 127 m^2 groot en woog 5300 kg. Het werd vervaardigd en ter plaatse
gemonteerd door A. Fermont.

ENKELE DATA

• Op 28 augustus 1928 werd de verkoop van de gronden aan de Algemeene Bankvereeniging meerderheid tegen minderheid goedgekeurd. De bank verwierf een perceel grond van ongeveer 2100 m^2 voor de som van 7,2 miljoen Belgische frank, omgerekend circa 3500 frank per m^2.

• In februari 1929 startte het uitgraven van de bouwput. Een funderingslaag van twee en één meter werden respectievelijk onder het torengedeelte en de zijvleugels gelegd.

• Begin november 1929 begon de Duitse firma Demag met de constructie van het stalen geraamte, wat ongeveer vier maanden duurde, zodat men in maart 1930 kon starten met het metselwerk.

• Op 1 september 1930 waren de winkels op de benedenverdieping aan de Schoenmarkt bezet, op 15 december 1930 werd de Torenkelder geopend.

• Het grootste gedeelte van de burelen en appartementen was verhuurd tegen het najaar van 1931. Op 24 december 1931 gebeurde de definitieve oplevering van het gebouw. De exploitatie werd overgedragen aan de pas opgerichte firma MOBEZIT (Maatschappij voor Onroerend Bezit). Zo verdween de enorme investering (40 à 50 miljoen) uit de boeken van de Algemeene Bankvereeniging. In 1965 slorpte de Kredietbank MOBEZIT op.

• Op 19 maart 1932 werd de Panoramazaal opengesteld voor het publiek, dat tegen betaling van enkele franken kon genieten van een indrukwekkend gezicht over Antwerpen. In zijn beste jaren trok het panorama jaarlijks meer dan 150.000 bezoekers.

• Op 29 maart 1932 verhuisde de Algemeene Bankvereeniging definitief van de Lange Nieuwstraat naar het nieuwe Torengebouw, waar het twee verdiepingen in de zijvleugel aan de Beddenstraat en de centrale, dubbelhoge loketzaal betrok.

De laatste loodjes. Arbeiders aan het werk op een van de hoogste platformen, 1929.
(Architectuurarchief Provincie Antwerpen)

1. De luxueuze entree voor de huurders. (Architectuurarchief Provincie Antwerpen)
2. De fraaie smeedijzeren deuren naar de loketzaal, 1932. (KBC-Historisch Archief)
3. Gezicht op de centrale hal vanop de gaanderij, 1932. Deze dubbelhoge ruimte was verlicht door een opmerkelijke lichtkoepel.
Op de benedenverdieping bevond zich de loketzaal, die te bereiken was via de centrale inkom. (KBC-Historisch Archief)

1. De vernieuwende architectuur en vormgeving van de Boerentoren drong niet altijd door tot in de achterliggende huiskamers.
Neo-Vlaams renaissance-interieur in een van de huurappartementen, 1934. (Privéverzameling)
2. De succesvolle tearoom van de firma Cuperus, 1932. (Privéverzameling)
3. De panoramazaal op de vierentwintigste verdieping, 1932. (Architectuurarchief Provincie Antwerpen)
4. Jan Vanhoenacker, ontwerptekening van het terras op de tiende verdieping, 1932. (Architectuurarchief Provincie Antwerpen)

DOORSNEDE

1.

1. De Boerentoren getroffen door een V1 op 6 januari 1945. De stalen structuur was nauwelijks aangetast door de ontploffing van 1000 kg springstof. (KBC-Historisch Archief)

2. De twee wandtapijten van Floris Jespers en de dinanderie van zijn broer Oscar zoals ze oorspronkelijk hingen in de vroegere tearoom Cuperus, door de bank omgebouwd tot vergaderzaal, circa 1949. (KBC-Historisch Archief)

2.

aan; de linkervleugel en de acht bouwlagen in de Beddenstraat waren bestemd voor kantoren en flats.

DE TWEEDE WERELDOORLOG EN ZIJN GEVOLGEN

Ondanks zijn prominente aanwezigheid in het Antwerpse stadslandschap doorstond de Boerentoren de Tweede Wereldoorlog vrij goed. De schade opgelopen door de beschieting met kanonnen van op Linkeroever in september 1944 en de inslag van een V1 op 6 januari 1945 konden vrij snel hersteld worden.

Intern gebeurde er in volle oorlogsperiode echter iets dat grote gevolgen had voor het kunstpatrimonium van de bank, namelijk de verhuis eind 1940, begin 1941 van Tearoom Cuperus naar de overkant van de straat. Tearoom Cuperus was gevestigd in de ruimte boven de hoofdingang. De zaak nam twee verdiepingen in beslag. Op de eerste verdieping bevond zich het grootste deel van de tearoom en werden er af en toe ook muziekvoorstellingen gegeven, terwijl men op de mezzanine op de tweede verdieping eveneens iets kon nuttigen en tegelijk het schouwspel een verdieping lager gadeslaan.

Heel deze enorme ruimte kwam dus vrij, en de bankleiding besloot om ze niet meer te verhuren, maar om er ten behoeve van de snel groeiende bank een grote ontvangst- en vergaderzaal van te maken. Die vergaderzaal had zeven muurvlakken, drie grote over heel de hoogte en vier kleinere die ontstonden door het afsluiten van de mezzanines van het theesalon. Het plafond was overvloedig met stucwerk versierd, maar de muren waren troosteloos kaal. Het directiecomité van de bank besliste daarom de zeven vlakken te laten versieren door Vlaamse kunstenaars, maar achtte zich ter zake onbevoegd en stelde voor advies een commissie samen van vooraanstaande kunstkenners. Die commissie, voorgezeten door prof. Muls, adviseerde de vlakken te laten versieren met de voorstelling van de drie goddelijke deugden (Geloof, Hoop en Liefde) en de vier kardinale of zedelijke deugden (Voorzichtigheid, Sterkte, Matigheid en Rechtvaardigheid). Ze stelde tevens voor dat men ter illustratie van de goddelijke deugden, wandtapijten zou laten weven. Vermits in het grote middenvak een deur was aangebracht waar geen tapijt kon worden gehangen, koos men daar voor een dinanderie (koperdrijfwerk) als versiering.

De commissie stelde voor dat Floris Jespers de cartons zou maken voor de wandtapijten die Gaspard De Wit in Mechelen zou weven. Zijn broer Oscar Jespers zou instaan voor de dinanderie. Paul Joostens werd nog in 1943 door F. Collin, voorzitter van de Kredietbank, gevraagd een ontwerp te maken voor de vier kardinale deugden. Hij leverde drie reeksen van vier schetsen in aquarel, die echter niet weerhouden werden. Als compensatie kocht de bank die schetsen van de kunstenaar. Om de gebroeders Jespers te helpen bepalen hoe zij de deugden moesten uitbeelden, werd aan kanunnik Floris Prims, stadsarchivaris van Antwerpen, gevraagd een historische studie te maken over de wijze waarop in het verleden de deugden werden uitgebeeld. Toen Prims, samen met de directieleden C. Van Soye en K. Vanderhoeght, het uiteindelijke resultaat in Mechelen ging bewonderen, werd hij razend toen hij de tapijten zag. Jespers had zich niets aangetrokken van zijn studie, maar had gewoon zijn zin gedaan. Prims meende dat hij hier door de kunstenaar belachelijk was gemaakt. Jespers heeft inderdaad een soms wel erg ruime interpretatie gegeven aan de diverse deugden. Zo staat centraal in het tapijt *Het Geloof* een mooie naakte vrouw en naast haar een kleine onooglijke karikaturale rechter in toga die haar dwaas, onbegrijpend aanstaart. Toen men Jespers vroeg welke deugd de naakte vrouw wel mocht uitbeelden, antwoordde hij: 'Ziet ge dat niet? Dat is de naakte waarheid en die idiote rechter ligt er met zijn neus op en ziet het niet.' Om dat antwoord beter te begrijpen is het nodig te weten dat Jespers in 1944 na de bevrijding werd aangehouden voor collaboratie en pas na maanden voorhechtenis vrijuit mocht gaan. Ook verder is er weinig of geen verband tussen de afbeeldingen op de wandtapijten en de onderaan in het Latijn weergegeven hoofd- en bijdeugden. Het is dus te begrijpen dat kanunnik Prims met heel de opzet niets meer te maken wilde hebben. Hij was dan ook niet aanwezig op de plechtige inhuldiging van de tapijten op 16 mei 1949. Het was ten slotte de schrijver Maurice Roelants die een – vrij fantasierijke – verklaring gaf voor de symboliek van de kunstwerken. Oscar Jespers, die de opdracht had gekregen voor de dinanderie, trok zich evenmin als zijn broer iets aan van de aanbevelingen van Prims en borduurde zelf voort op het thema van de liefde (broederliefde, moederliefde enzovoort).

Na de verbouwingen in de jaren 1970 werden de wandtapijten opgehangen in het vernieuwde audi-

Links: Een blik op de werkomstandigheden in het Torengebouw in 1968.
(Architectuurarchief Provincie Antwerpen/Fotowerken Claes)

Rechts: De architecten Léon Stynen en Paul De Meyer presenteerden hun ideeën
omtrent het nieuwe Torengebouw in een reeks maquettes.
(Architectuurarchief Provincie Antwerpen)

torium. Bij de meest recente aanpassingen van de Boerentoren in de jaren 1990 was er echter geen plaats meer om ze tentoon te stellen. Gezien hun monumentale afmetingen (4,8 x 3,5 m) was het geen sinecure om een plek te vinden waar dat dan wel kon. Uiteindelijk werd gekozen voor de binnenzijde van de inkomhal van het hoofdkantoor in de Havenlaan 2 in Brussel. Daar zijn ze vandaag de dag nog te bewonderen, samen met de dinanderie van Oscar Jespers, die een plaats kreeg in de ontvangstruimte.

AFBREKEN OF RENOVEREN?

In de jaren 1960 werd het voor de bank duidelijk dat het gebouw te klein geworden was en dat de werkomstandigheden niet meer beantwoordden aan de gangbare normen. Een keuze tussen verhuis en verbouwing/uitbreiding drong zich op. De bank koos uiteindelijk voor die laatste optie. Met bijna veertig jaar vertraging zou ze het oorspronkelijke plan uit 1928-1929, de bebouwing van heel het beschikbare terrein, realiseren. Voor dat project werd een beroep gedaan op het gerenommeerde architectenbureau Léon Stynen-Paul De Meyer, bijgestaan door een commissie, waarin onder meer J. Ickx, hoofdarchitect van de bank zetelde.

Cruciaal probleem was: wat moet er gebeuren met het 'oude', niet meer geschikte gebouw? Zouden de werken beperkt blijven tot een simpele opknapbeurt of verkoos men een volledig nieuw gebouw dat beantwoordde aan de nieuwe noden? En hoe zou men de verschillende technische mankementen aanpakken? De eerste voorstellen die de architecten formuleerden, waren drastisch. Nieuwbouw genoot hun voorkeur, maar ook ontmanteling en heraankleding van het exterieur met complete vernieuwing van de binneninrichting was een optie. De talrijke praktische problemen die deze plannen echter met zich meebrachten en de grote beroering die ze uiteindelijk bij de publieke opinie veroorzaakten, deden bouwheer en architecten uitkijken naar andere mogelijkheden. Ze opteerden voor een grondige uitwendige renovatie en een ingrijpende inwendige vernieuwing van het bestaande gebouw en de oprichting van een nieuwe vleugel aan de Eiermarkt-hoek Beddenstraat.

Bouwheer en architecten besteedden bijzondere aandacht aan het harmonisch samengaan van de nieuwe vleugel met het bestaande gebouw. Waar beide gevels samenkwamen, werd een blind muurgedeelte tussengevoegd. Van op geen enkel punt op de gelijkvloerse verdieping kan men bovendien de gevels van het oude en het nieuwe gedeelte gelijktijdig zien. Het nieuwe gedeelte aan de Eiermarkt telde zeven verdiepingen (met de bovenste in achteruitbouw), terwijl ondergronds nog vijf bouwlagen werden ingericht als parkeerruimte. De nieuwe vleugel had vooral een kantoorfunctie.

Het bestaande gebouw onderging een grondige facelift. Het zou voortaan ook alleen door de eigen diensten gebruikt worden, met uitzondering van de winkelgalerij op de gelijkvloerse verdieping die Schoenmarkt en Eiermarkt verbindt. Vooral de gelijkvloerse, de eerste en de tweede verdieping veranderden van uitzicht, met onder meer een andere opvulling van de centrale driehoek. Hier kreeg een auditorium onderdak. In het oude gebouw verdwenen ook al de art-deco-interieurs, het dakterras en, waar ze nog niet eerder opgedoekt waren, cafés en restaurant. De bank liet eveneens een nieuwe panoramazaal op de 26ste verdieping inrichten, boven het waterreservoir, en dat in de plaats van het achthoekige paviljoen van drie verdiepingen dat de toren sinds 1954 bekroonde. Ook voorzag men de pui van een doorlopende betonnen luifel en werden de oorspronkelijke metalen ramen vervangen door ramen met bronsglas. Om de werkzaamheden vlot te laten verlopen, besliste men eerst de nieuwe vleugel aan de Eiermarkt-hoek Beddenstraat te bouwen (1970 e.v.). Zodra die gebruiksklaar was, kon men daarheen verhuizen tot de werken in het oude gedeelte voltooid waren. Het vernieuwde Torengebouw werd einde 1976 ingewijd.

Met dit gemoderniseerde en uitgebreide kantoorgebouw zag de bank de toekomst met zekerheid tegemoet. Het 'decor' van de Boerentoren was ingeruild voor meer comfort, techniek en hygiëne. Aan monumentaliteit en herkenbaarheid boette hij echter niet in. Ook na de grondige facelift bleef de Boerentoren de mensen boeien en inspireren. Zijn erkenning als beschermd monument in 1981 zette dit in de verf.

Sinds de commotie ten tijde van de bouw van de Boerentoren vloeide er heel wat water naar de zee. De oorspronkelijke vrees dat de toren het stadsbeeld zou verstoren, bleek ongegrond. Integendeel, dit baken van de moderne tijd vergroeide met de stad en ging samen met zijn historische voorgangers de skyline domineren. Sommige van zijn opvolgers staken hem in lengte naar de kroon, maar geen enkele van

Léon Stynen en Paul De Meyer, voorontwerp nieuw Torengebouw, circa 1968. (Architectuurarchief Provincie Antwerpen)

Léon Stynen en Paul De Meyer, fotomontage met de maquette van het uitverkoren ontwerp, 1968. (Architectuurarchief Provincie Antwerpen)

deze torens had dezelfde impact als hij. Om hem toch te onderscheiden van deze gebouwen verdween geleidelijk de oorspronkelijke officiële naam 'Torengebouw' ten voordele van de volkse benaming 'Boerentoren'. De benaming 'Boerentoren' is inmiddels gemeengoed en wordt ervaren als een eretitel voor een toren die samen met de kathedraal de stad symboliseert en gestalte geeft.

Intussen blijft de Boerentoren met succes zijn rol als blikvanger spelen. Het is geen toeval dat hij, hoewel eigendom van KBC Bank, ingeschakeld wordt in de culturele initiatieven van de stad. Tijdens het Modejaar in 2001 verscheen een rode kapitale A op de torentop, een ontwerp van Walter Van Beirendonck. Meer recent, naar aanleiding van Antwerpen Boekenstad in 2004-2005, kreeg hij een passend kleedje aangemeten in de vorm van een gedicht van Tom Lanoye. En dit jaar, naar aanleiding van zijn vijfenzeventigste verjaardag, maakt stadsdichter Bart Moeyaert van de Boerentoren een vuurtoren... Dit kan alleen maar met sterke iconen, en dat is de Boerentoren zeker geworden.

LITERATUUR

Americana. Nederlandse architectuur 1880-1930, z.pl., 1975.
COHEN, J.L., *Scènes de la vie future. L'architecture européenne et la tentation de l'Amerique 1893-1960*, Parijs, 1995.
'Les constructions à grand nombre d'étages de l'Amerique', *L'Emulation*, 1897, 22, kol. 9.
DE BRUYN, L., *De Boerentoren. J.R. Van Hoenacker, J. Smolderen, E. Van Averbeke (1929-1931)*, onuitgegeven eindverhandeling, Antwerpen, 1986.
DE VOS, D., 'Oude Bouwkunst in België. Jan Van Hoenacker's "Boerentoren" en Jos Deré's "Nieuwe Bouwwerken"', *De Bouwgids*, 1933, 25, 1, p. 3-6.
GILLES, P., 'Les gratte-ciel. Architecture d'orgueil et de logique', *Bâtir*, 1933, 10, p. 361-367.
LAUREYS, D., *IJzersterk. De KBC-Toren en zijn architecten*, Antwerpen, 2001.
L.D.M., 'Het geraamte van het Torengebouw der Algemeene Bankvereeniging te Antwerpen', *K.M.B.A.*, 1934, 5, 12, p. 319-327.
L.D.M., 'Voordracht: New York en het bouwen van wolkenkrabbers door archt. J.R. Van Hoenacker', *K.M.B.A.*, 1933, 4, 2, p. 25-34.
MIEROP, C., *Skyscrapers. Higher and higher*, Parijs, 1995.
PEIRANI, P., 'Un gratte-ciel à Anvers', *La Technique des Travaux*, 1932, 8, 5, p. 270-282.
PISTOR, G.J.E., 'L'art et l'economie dans le gratte-ciel aux Etats-Unies', *L'Emulation*, 1930, 50, p. 200-204.
PUISSANT, A., 'Exposition internationale de l'art architectural. La section Américaine', *L'Emulation*, 1922, 42, 10, p. 145-160.
SAINTENOY, P., 'Notes de voyage d'un architecte en Amérique', *L'Emulation*, 1909 (verschillende bijdragen).
VAN HOENACKER, J.R., 'Moderne hoogbouw', *K.M.B.A.*, 1935, 6, 1, p. 12-21.
VAN RUYSSEVELT, A. en VAN POTTELBERGHE, M., *Het Torengebouw te Antwerpen, de geschiedenis van een stedelijk landschap*, Antwerpen, 1985.

Boven: De nieuwe vleugel aan de Eiermarkt-hoek Beddenstraat in opbouw. Bemerk centraal de restanten van de lichtkoepel boven de toenmalige loketzaal, 1971. (Architectuurarchief Provincie Antwerpen/Fotowerken Claes)

Onder: De nieuwbouw nadert zijn voltooiing, 1972. (KBC-Historisch Archief/Fotowerken Claes)

In een verre toekomst

dreegh altijd lkook aan

drukke baan om veelei

CITY OF HIGHLIGHTS

OSCAR VAN DEN BOOGAARD & STEVEN VAN WATERMEULEN

In een verre toekomst bestond er ooit een metropool gebouwd op zeven Romeinse heuvels. Een schiereiland met tropische baaien die de bewoners intens genot en geborgenheid verschaften. Kleine ijsbergen in het groen-blauwe water zorgden voor verkoeling. Van iedere stad ter wereld was in die metropool het beste bij elkaar gebracht. Alleen een wereldreiziger was in staat om de herkomst van al die hoogtepunten te kunnen duiden. Maar in deze stad woonden geen wereldreizigers. De bewoners hadden name-lijk geen enkele reden om op reis te gaan, want het beste van alles was hier voor hen verenigd. De opera van Sydney lag op een eilandje voor de kust, verbonden door de Golden Gatebrug vanwaar je een prachtig uit-zicht had over de stad. De skyline gaf je het paradoxale gevoel dat je op vele plaatsen tegelijk was. De mooiste Europese kathedralen stonden tussen de hoogste wolkenkrabbers ter wereld. In het hart van het eiland lag de Berlijnse Tiergarten als groene long. Door de stad slingerde de Seine met water uit de Mississippi, overspannen door de mooiste brug-gen uit Florence. In de rivier lagen Île Saint-Louis en het Museuminsel gebroederlijk naast elkaar. Naast de Fernsehturm stond de Notre-Dame omgeven door een exotische palmentuin. Op de sappig groene heuvels uit Edinburgh lag de begraafplaats Père-Lachaise met beroemde doden van over de hele wereld. Madonna, Goethe en Albert Schweitzer deelden het fami-liegraf van de Hohenzollers. Boven de heuvels verhief zich de piek van de Himalaya waar bovenop de Christo uit Rio de Janeiro troonde. Hier vandaan liepen kabelbaantjes naar hoger gelegen bergen met sneeuw uit Canada waar je het hele jaar door kon skiën en snowboarden. Een ander kabelbaantje liep tot de Suikerbroodberg die midden in een baai aan de noordzijde van de metropool lag. Die berg werd ook wel Eekhoorntjes-brood genoemd, omdat de mooiste en vrolijkste eekhoorns van de wereld hier samenkwamen en zorgden voor een extatisch nageslacht. Uit Boedapest kwamen de vele badhuizen en de sprookjesachtige sfeer in de oude bin-nenhaven was typisch voor Stockholm. Het Colosseum uit Rome dat hier steen voor steen opnieuw was opgebouwd, werd gebruikt voor Formule 1-races. Ingesloten door wolkenkrabbers van Mies van der Rohe lagen de tuinen van de Villa Borghese. Aan het Piazza del Popolo stond het Guggenheimmuseum met de collectie van de Russische tsaar. Smalle Venetiaanse kanalen doorkruisten de zuidzijde van de stad. Daar ergens lag ook de opera uit Verona. Uit Montreal kwam het Olympische Stadion en de geodetische koepel uit 1967 van Buckminster Fuller. De honderden op elkaar gestapelde kubussen van Habitat 67 lagen als uniek idealistisch woonproject aan de indrukwekkende Rotterdamse havens aan de zuidwestzijde van de stad. Dubai had de stad de hoogste toren van de wereld afgestaan en het zand van zijn mooiste stranden was uitgestrooid in de baai bij de opera van Sydney. De snelle treinen en het metronet kwamen uit Tokyo, net zoals de grote videoreclames torenhoog geprojecteerd tegen de wanden van de kantoorgebouwen die door elkaar verbonden waren door zwevende wandelpaden en vliegende gondels. Het gevaar uit de favella's uit Rio gaven delen van de stad de hardheid die in geen metropool mag ontbreken. Pantservoertuigjes voor toeristen die vroeger in Harlem werden gebruikt, kropen omhoog naar de sloppenwijken in de heuvels waar mensen van over de hele wereld goedkoop onderdak konden vinden. Overal in de stad bevonden zich tempels en kapelletjes van alle wereldreligies en op sommige kruispunten brandden kaarsjes die aangestoken waren door aanhangers van Afrikaans-katholieke voodoo. Het klimaat in deze stad wisselde op het ritme van de vier seizoenen, maar de gouverneur had het recht de temperatuur aan te passen met de thermostaat. Mensen die in deze stad woonden, waren in zekere zin de meest gelukkige mensen ter wereld, maar dat maakte hen bij tijden ook somber en lamlendig. Want als alles perfect is, blijft er weinig te verlangen. De kunstscène was niet sterk ontwikkeld omdat niemand het nodig vond om kunst te maken. In deze stad hoefde een mens nu eenmaal niets te sublimeren, want het sublieme was hier de alledaagse werkelijkheid. De kunstenaars die hier in de musea getoond werden, kwamen allemaal van buiten en mochten nooit langer dan een week in deze stad verblijven. Ze waren minder perfect dan de mensen in deze stad en ook minder gelukkig, maar ze wilden toch geen seconde met de bewoners van deze stad ruilen. Want die hadden geen ambities. Het waren hedonisten die uit waren op pleziertjes op korte termijn. Een mooie wandeling aan zee, een beetje shoppen in de mooiste winkelstraten, in de driehoek Rodeo Drive — Old Bond Street — Rue du Faubourg Saint-Honoré, gokken in de casino's van Las Vegas of met glimmende helmen op hun hoofd op ligfietsen door de woestijn iets buiten de stad fietsen. Ze waren allemaal bloedmooi, afstammelingen van de mooiste rassen ter wereld, gebruind door de zon en in topconditie. De vele religieuze referenties in deze stad maakten de bewoners bovendien op een authentieke manier spiritueel. Het enige wat de lichamen zochten, waren tantristische genietingen bij elkaar. In deze ideale wereld leefden Hong en Arrabel.

Hong werkte als helikopterpiloot. Hij was mooi gebouwd, had donker haar en een strakke kaaklijn. Hij volgde de laatste mode en had dus een baard van drie weken oud (die aanwijzing had hij uit *The Daily*

International). Hij droeg altijd, ook al was het bewolkt, een piloten-
zonnebril van Ray-Ban. Een gouden montuur met goudkleurige spiegelgla-
zen. Hong kleedde zich niet opzichtig, maar zorgde ervoor dat hij degelijk en altijd een tikkeltje onconventioneel voor de dag kwam. Hij volgde aanwijzingen van een bevriende modeontwerpster: de man mocht niet
langer dan zijn vrouw in de spiegel hebben gekeken voor hij de deur uit
ging. Hong was het daar volstrekt mee eens. Hij zorgde ervoor dat zijn
tijd in de badkamer op een minuut na verschilde van de tijd die zijn
vriendin er spendeerde. Een minuut korter. Hij was een moderne man, zo
dacht hij erover. Hij ging iedere dag zwemmen om in vorm te blijven,
hij gebruikte geen suiker en dronk geen alcohol. Hij deed iedere dag
aan yoga, in de woonkamer voor het grote raam en in de zomer op het
dakterras. Hij begon de dag met de zonnegroet, omdat het een aaneen-
schakeling was van bewegingen die de ademhaling deden stromen en het
lichaam met het denken en het voelen verbond.

Hij vond het heerlijk om in zijn helikopter boven de stad te vliegen. Op mooie dagen zag hij dolfijnen in de zee rondspringen, sporters
door de Tiergarten rennen, mensen zich naakt in het gras vleien, klim-
mers de Suikerbroodberg bedwingen, bootjes de Seine op en af varen,
politiewagens met loeiende sirenes bandieten achtervolgen, dames in open
wagens met sjaals wapperend achter zich aan door de straten rijden en
op de torens van Manhattan her en der copulerende stelletjes.

Soms bleef hij thuis, vooral op zondagen. Dan had hij net als andere mensen niets te doen, dan hing hij wat rond op de bank of dronk thee
met zijn vriendin.

Hij woonde in een heerlijk dakappartement waar de tijd was blijven stilstaan. De architect van de woontoren had dat appartement voor
zichzelf gebouwd. De mooiste materialen van de vorige eeuw waren hier
verenigd. Tropische houtsoorten, bijzondere natuurstenen uit Siberië en
kleine bakstenen die speciaal in Zwitserland met de hand waren vervaardigd. Op sombere dagen klikte Hong de indirecte verlichting aan —
tl-buizen verstopt boven het verlaagde houten plafond — en leek zijn
appartement boven de stad te zweven. Door de weerspiegeling van de ramen
leken aan de kamers weer andere kamers te zijn gebouwd: een appartement
in de wolken.

Soms zag hij zijn overbuurvrouw Arrabel met haar man Ayaan op hun
dakterras de liefde bedrijven. Arrabel was een blonde vrouw met een tere
huid. Ze keek je altijd iets te lang na wanneer je afscheid van haar
nam. Hij had haar wel eens ontmoet op een receptie bij de gouverneur;
haar man hield een hele verhandeling over de geometrische ruimtes in
het werk van Spinoza. Hij had de fijne trekken van de woestijnbevolking

uit het Zuiden. Het leek alsof hij om zijn ogen een zwart lijntje had aangebracht. Niets was minder waar, het waren de wetten van de natuur die hem zo aantrekkelijk hadden gemaakt. Hong had hen ooit eens de liefde zien bedrijven in hun slaapkamer; hij vergat die ene keer nooit meer. Het was donker in zijn appartement, de overburen konden onmogelijk weten dat ze bekeken werden. Ze hielden zich niet in. De schemerlampen klikten aan en het vurige liefdesspel nam een aanvang waarbij Hong zijn ogen niet kon geloven en verrukt van opwinding de verrekijker op de vensterbank legde en zich naar zijn eigen slaapkamer begaf. Sindsdien hield hij zijn buurvrouw in het oog. Op zijn vele tochten in zijn helikopter boven de stad. Maar ook als Hong thuis was gluurde hij met zijn verrekijker in het appartement van Arrabel en Ayaan aan de overkant.

Op een zomerse dag, de temperatuur had de dertig graden overstegen, was Hong met geen stokken buiten te krijgen. Hij wist dat de attractie waar hij laatst ook al getuige van was, deze namiddag opnieuw zou plaatsvinden. De vorige keer dat het spektakel zich voordeed, was het buiten net zo warm. De lucht loodzwaar, de zon op haar hoogste punt, loodrecht boven de dakterrassen. De koekoeksklok sloeg veertien keer. Ze was door een Zwitserse hand gemaakt en sloeg op één seconde na altijd de juiste tijd. Ze was vervaardigd met het hout uit de bergen dat groeide op hoge hoogten net onder de pieken met de eeuwige sneeuw.

Hong keek naar de overkant, het moest nu snel gaan gebeuren. Vorige keer was het ook omstreeks deze tijd. En toen gebeurde het. Hij zag hen opstijgen, Arrabel en Ayaan, het Noorden verbonden met het Zuiden; zij hing aan zijn romp, ze streelde de haartjes op zijn rug, haar mond gekluisterd aan zijn mond. Zonder vliegend tapijt hingen ze in een tijdloze zone boven hun toren, boven de stad. Tussen de hemel en de aarde, hun liefde omarmd door de zonnestralen. Een nieuw continent was zich in hun beider namen aan het vormen. Er werd misschien een kind verwekt. Een sterk kind, van een nieuw ras, een kind dat het beste van het beste van alle continenten in zich verenigde omdat het was verwekt zwevend tussen hemel en aarde, de zone boven de hoogste gebouwen van de stad. Klaar om de reis naar nog hogere regionen te maken, naar nieuwe werelden in de kosmos. Misschien wilde het kind uit hun liefde geboren het hemellichaam Aurelia bezoeken waar de zon de helft van de planeet dag en nacht verwarmde. De andere helft was onherbergzaam, alles vroor er dood. Dag en nacht wisselden elkaar niet af omdat de planeet niet om haar as draaide. Ze draaide wel om de zon, daarin verschilde ze niet van de aarde. De levende wezens waren er grote vlezige bloemen, met bloedvaten en een hart. De strijd die er geleverd werd was niet om een lapje grond — wat hier bij ons niet meer te betalen viel — zoals om torens op te bouwen (bij ons wilde niemand meer op het platteland) maar om zo hoog mogelijk te reiken met de bloemblaadjes die als armen boven hun lichamen uitstaken naar de zon om zo voldoende licht op te vangen. Een strijd om het eeuwige vuur. Laat de bevruchting plaatsvinden, hoog boven het dakterras. Hong was gefascineerd door de hemelse liefde die voor zijn ogen bedreven werd in de transitzone tussen hemel en aarde tien meter boven de toren van zijn buren. De bandeloze liefde van de eenentwintigste eeuw. Hij kreeg er ook een heel eenzaam gevoel van omdat hij er zelf geen deel van uitmaakte.

Meestal voelde Hong zich niet eenzaam. Hij had regelmatig vriendinnen over de vloer. Een van hen was de onstuimige Sheila. Sheila was een meisje uit het Westen. Een wilde vrouw met degelijke witte tanden en een fijn gelaat dat chirurgisch geperfectioneerd was. Hong noemde haar zijn neukpartner, een echte vriendin was voor hem iets anders. Hij hield van Sheila op zijn manier. Sheila was tevreden met hun relatie, ze had een te drukke baan om veeleisend te zijn.

Soms waren Hong en Arrabel alleen thuis en dan keken ze naar elkaar. Hij wilde het liefst dicht bij haar zijn, de vrouw aan de overkant. Zij die hoog boven de gebouwen kon zweven met haar man; ze gebruikten daarbij geen helikopter, zoals hij, maar de kracht van de liefde en versmelting van de verschillende continenten waarvan zij de dragers waren. Getalenteerde dragers.

Hong en Arrabel keken naar elkaar van achter hun ramen. Het regende; dat gebeurde sinds het vliegend copuleren een aanvang had genomen met de klok der regelmaat. Misschien moest deze vorm van samenkomen tot een minimum beperkt worden. Een exclusief gebeuren. De regen kletterde tegen de glazen wanden. De man en de vrouw huilden, zo leek het door de druppels die zich een weg naar beneden baanden, de diepte in. De diepte van de verveling. Ze zaten nu allebei achter hun computer bij het raam over elkaar te fantaseren. Arrabel trok wat leuks aan, Hong deed salsapasjes voor haar. De regen was bij vlagen op gaan houden. De bliksem verlichtte de zware wolkenpracht.

Op een dag ontmoetten Hong en Arrabel elkaar ergens in de diepte, beneden op straat. Niet verheven door de hoogte, maar met hun voeten op de grond. Ze hadden allebei gewacht op dit moment van toeval en lieten geen tijd verloren gaan met doen alsof ze elkaar niet meer herkenden of niet door elkaar aangetrokken waren; ze grepen de gelegenheid allebei onmiddellijk aan om een afspraak te maken. Het werd de eerstvolgende woensdagavond bij Hong thuis. Zijn vriendin Sheila ging op woensdagavond tennissen en Ayaan, de man van Arrabel, gaf dan een cursus theologie.

Nadat ze midden in de kamer in een innige omhelzing hun lichamen tegen elkaar hadden gedrukt en het vertrouwen hadden gevoeld dat ze alles met elkaar konden doen wat ze wilden, stonden Hong en Arrabel met een glas naast elkaar voor het grote raam in de woonkamer.

Arrabel keek nu vanop afstand naar haar eigen appartement en zag haar man Ayaan thuiskomen met een andere vrouw. Het stelde haar gerust dat hij ook een geheim had. Hong kneep in haar hand alsof hij het begreep.

Twee vrijende stellen voor de ramen. Ze spiegelden elkaars ontrouw. Hoe zou de een de ander ooit iets kunnen verwijten.

Toen zag Hong dat het zijn vriendin Sheila was die bij zijn over-buurman op bezoek was. Hij keek Arrabel glimlachend aan. Ze werden dus op hetzelfde moment bedrogen door hun partners. Bedrogen was niet het goede woord, 'verwisseld' was veel passender.

Hong drukte Arrabel tegen zich aan. Zouden Sheila en Ayaan aan de overkant hen ook opmerken? Terwijl hij naar de omhelzing aan de over-kant keek, moest hij denken aan een van zijn tochten met zijn vliegma-chine boven de stad. Ter hoogte van de dierentuin had hij op een hoge afgetopte boomstam vier lynxen in elkaar verstrengeld zien liggen. Ze voelden zich door niets of niemand bedreigd daarboven. Ze lagen in de volle zon te genieten van elkaars aanwezigheid. Hij had nog nooit zo iets liefs gezien.

Hong nam Arrabel mee naar de slaapkamer. Hoewel ze elkaars huid voelden en het hart van de ander voelden kloppen, bleven zij voor elkaar een heerlijke fantasie.

Iedere woensdagavond spraken Hong en Arrabel voortaan af. En Sheila en Ayaan ook. Ayaan leerde Sheila om ook de hoogte in te gaan, hoog boven de wolkenkrabbers de liefde te bedrijven. Arrabel nam Hong in de leer. Ze wilde hem leren dat vliegen in de liefde veel fijner was dan in een helikopter. Ze wilde met hem de vrije lucht in gaan. Hong en Sheila waren goede leerlingen. Ze leerden binnen de kortste tijd de wereld te overzien en de continenten te bevrijden. Ze genoten op hun zonnewagens. De wereld lag aan hun voeten. De torens leken om een nieu-we horizon te smeken.

Dat gebeurde iedere woensdagavond. Het was een stilzwijgende afspraak. Nooit praatten Hong en Sheila of Arrabel en Ayaan erover. Ze gaven hun lessen door aan andere vrijende paren, want de week had zeven dagen en ze waren nu eenmaal promiscue al gebruikten ze daar een ander woord voor: 'menslievend' of simpelweg 'nieuwsgierig'.

Soms gingen ze met z'n allen op hetzelfde moment met de wenteltrap naar boven en bedreven ze de liefde zwevend boven hun dakterrassen.

Helikopters vlogen over. Alleen een helikopterpiloot had op mooie dagen een overzicht van alle vrijpartijen in de stad. Hangende paren zonder tapijt of andere hulp. Alleen de kracht van wat hen bond.

Iedere woensdag wenste Hong zijn vriendin veel plezier met tennissen en Arrabel wenste haar man veel succes met zijn cursus theologie. En zoveel andere partners wensten elkaar een heerlijke avond toe. De verveling uit de diepte beneden hadden ze van zich afgegooid.

De bewoners van deze metropool die in een verre toekomst ooit bestond, waren hoewel ze alles hadden wat ze wilden en schoonheid en plezier niet schaars waren, toch tot écht genieten in staat. Niet geplaagd door zorgen of het verlangen elders te zijn waren ze werkelijk in staat in het moment te leven. En omdat iedereen kreeg wat hij verlangde, bestond er geen jaloezie. Integendeel, Hong verlangde er eigenlijk naar op een dag met z'n vieren samen te komen. Met Sheila, Arrabel en Ayaan. Zoals de vier lynxen in elkaar gerold hoog op een boomstam. Hij wist dat Arrabel dat ook zou willen en dat het daarom niet meer lang zou duren voordat ook dat verlangen in vervulling zou gaan. Hij wist dat achter dat verlangen andere verlangens wachtten van nog uitgebreidere verstrengelingen. Alle bewoners van deze stad zouden zich uiteindelijk moeten verstrengelen op de toppen van de gebouwen om de eeuwige liefde die in de kosmos huisde te weerspiegelen. De liefde van ieder mens voor ieder mens. Hong kon er wel om huilen, zoveel liefde voelde hij. En omdat Arrabel dat ook voelde, liepen er tranen uit haar verliefde ogen.

Het ontwerp van het Administratief Centrum uit 1951. Eerste versie met een topgeleding waarin de functionele onderdelen van het 'sociaal centrum' herkenbaar zijn aan aparte volumes. (verz. VIOE)

TORENHOOG DROMEN
DE IDEALE STAD VOLGENS RENAAT BRAEM

JO BRAEKEN

Toeval of niet, een van de vroegst bekende tekeningen van architect Renaat Braem (1910-2001) stelt een torengebouw voor. Als 16-jarige bereidde hij zich voor op zijn architectuurstudie met een reeks eigen ontwerpoefeningen voor landhuizen en monumentale gebouwen, waaronder een skyscraper naar Amerikaans model niet mocht ontbreken. Het jaar was 1926, Henry van de Velde ontwierp zijn 'Babylonische' torengebouwen voor de Antwerpse Linkeroever, de Boerentoren moest nog worden gebouwd. Braem tekende naar eigen zeggen 'van in de wieg'. Zijn talent werd al snel door zijn omgeving opgemerkt en kwam tot volle ontplooiing aan de Koninklijke Academie voor Schone Kunsten in zijn geboortestad Antwerpen. Als aanvulling op het schoolse, conventionele architectuuronderricht in de klassieke vormentaal, absorbeerde hij tijdens de eerste studiejaren alle mogelijke invloeden, op zoek naar een eigentijdse architectuur en ideologie. Het antropomorfe *élan vital* van de Amsterdamse School, dat hij zich eigen maakte via het tijdschrift *Wendingen*, maakte al snel plaats voor de revolutionaire retoriek van het Russische constructivisme, *Wolkenbügels* in de stijl van El Lissitsky voor de zakelijke efficiëntie van *Das Neue Frankfurt*. Hij studeerde in 1935 af met een stedenbouwkundig ontwerp voor een 100 km lange 'lijnstad' dwars door België. Het project bestond uit rechtlijnige stroken voor verkeer, industrie, groen, wonen en landbouw, die zich parallel met het pas gegraven Albertkanaal uitstrekten van Antwerpen tot Luik.

Braem toonde zich daarmee op jonge leeftijd al een sociaal bewogen, visionaire denker, kwaliteiten die van toepassing zouden blijven op heel zijn verdere loopbaan. Hetzelfde jaar won hij de Godecharleprijs, een van de belangrijkste architectuuronderscheidingen in het land, die hem in staat stelde zijn opleiding in het buitenland te vervolmaken. Hij werkte van eind 1935 tot 1937 in het atelier van Le Corbusier (1887-1965) in Parijs, een smeltkroes waar veelbelovend talent van over de hele wereld elkaar vond en – zoals Braem het later verwoordde – 'de sleutel' kreeg voor de architectuur. Op voordracht van Le Corbusier werd Braem in 1937 lid van de CIAM *(Congrès Internationaux d'Architecture Moderne)*, de denktank van de internationale avant-garde die de principes voor een moderne

architectuur en stedenbouw vastlegde. Ook die zou hij door zijn verdere carrière heen voluit in praktijk brengen. Vanuit een sterke sociale bewogenheid definieerde Braem architectuur als 'de kunst van het organiseren van de ruimte tot bevrijding van de mens', een visie die er vooral op was gericht de samenhang van de gemeenschap te bevorderen en het leven van het individu te verbeteren. Kort na de oorlog kwam zijn loopbaan in een stroomversnelling dankzij twee grote opdrachten in Antwerpen: de sociale woonwijk op het Kiel en het Administratief Centrum, die tot de meest toonaangevende bouwprojecten van de jaren 1950 worden gerekend. Zijn architectuur balanceerde tussen verstand en gevoel, tussen rationalisatie en het zoeken naar een poëtische ruimte. Niet alleen het vormelijke scheppen, het zoeken naar een band tussen ruimte en tijd, het tot uitdrukking brengen van de functie van een gebouw, stonden hierbij centraal. Evenveel aandacht ging naar het constructieve, het experiment met technieken en materialen, het streven naar standaardisatie en systeembouw. In de latere jaren zestig zou hij meer en meer evolueren naar een organische vormgeving, die de architectuur verbond met de natuur en als het ware de oerkrachten reveleerde. Als onvermoeibaar polemist schreef Braem in 1968 geschiedenis met zijn essay *Het lelijkste land ter wereld*, dat niet alleen een aanklacht was tegen de naoorlogse ruimtelijke (wan)ordening in België, maar ook een ecologische waarschuwing inhield met als conclusie 'totale vernieuwing of totale ondergang'.

Een fascinatie voor torens loopt als een rode draad doorheen de geïdealiseerde projecten en futuristische visioenen, die Renaat Braem van in zijn prille jeugd tot op hoge leeftijd aan het papier toevertrouwde. Als jonge architectuurstudent tekende hij in 1932-1933, naar aanleiding van de stedenbouwkundige wedstrijd voor de Antwerpse Linkeroever, een eigen interpretatie van de *Ville Radieuse* van zijn toekomstige mentor Le Corbusier. In Braems 'stralende stad' voltrok het leven van de coöperatieve gemeenschap zich in gigantische Y-vormige wolkenkrabbers, onderling verbonden door snelwegen en zweefbanen, en via het luchtschip met de rest van de wereld. Tijdens de Tweede Wereldoorlog, een gedwongen periode van bezinning, gaf hij vorm aan een humanistische wereldorde via symbolische tempels voor de vriendschap, de gemeenschap of de kunst, niet zelden monumentale torengebouwen te midden van een ongerepte natuur. Als monument voor de Bevrijding ontwierp hij in 1949 een kolossale naald van 110 m hoog, een pendant van de kathedraaltoren die het panorama van de stad zou beheersen ter hoogte van de bocht in de Schelde. Zijn leven lang ontwikkelde hij modellen voor de ideale stad, waarin de utopie het veelal won van de werkelijkheid. Toch kwamen ook de grote projecten die hij in de loop van zijn carrière tot stand bracht voort uit een allesomvattend concept van 'totaalarchitectuur', dat hij stukje bij beetje trachtte te realiseren. In de evolutie van nieuwe bouwtechnieken en –materialen zag hij een uitdaging om steeds hoger te gaan bouwen, een ultieme kans om de open ruimte opnieuw de bovenhand te doen halen op de verstedelijking. Wat er nog restte van de stad moest nieuw leven worden ingeblazen via chirurgische ingrepen in het weefsel. Met het Administratief Centrum ondernam Braem een poging om Antwerpen – een kwart-eeuw na de Boerentoren – te verrijken met een torengebouw dat symbool kon staan voor de nieuwe tijd, een model van efficiëntie en dienstbaarheid, een blijk van civiele trots. Met de Stad Lillo gaf hij een voorzet tot het nieuwe wonen, een bevrijdend alternatief voor het 'huisje met tuintje' dat van zijn land het 'lelijkste ter wereld' had gemaakt.

TORENS VOOR HET HART VAN DE STAD

Lode Craeybeckx (1897-1976), burgemeester van Antwerpen sinds 1947, vatte in de loop van 1949 een driejarenplan op, een eerste programmaplan dat voorzag in de meest dringende werken en dat bedoeld was als een eerste 'beslissende stoot' aan de heropleving van de stad. Ook na de bevrijding had de stad nog erg te lijden gehad onder de 'vliegende bommen'. Dankzij de havenactiviteit kon echter ten volle worden geparticipeerd in het snelle economische herstel van het land. Uit het puin van de Tweede Wereldoorlog zou een moderne grootstad herrijzen. Drie grote stadsprojecten werden daarbij op stapel gezet: een Handelscentrum, een Zeemanshuis, en een Administratief Centrum. Omdat de bevoegde stedelijke diensten niet berekend waren op bouwopdrachten van een dergelijke schaal, besloot de burgemeester in 1950 zich tot

privéarchitecten te richten. Op advies van architect Léon Stynen (1899-1990), directeur van het Nationaal Hoger Instituut voor Bouwkunst en Stedebouw in Antwerpen, werd het ontwerp van de drie nieuwe bouwprojecten toegewezen aan de docenten architectuur van dat instituut. In twee van de drie gevallen betrof het gevestigde waarden met een lange staat van dienst. Het ontwerp van het Handelscentrum, dat op de plaats van het huidige Bouwcentrum aan de Jan Van Rijswijcklaan was gepland maar nooit werd gerealiseerd, ging naar het in bedrijfsarchitectuur gespecialiseerde bureau van Vincent Cols (1890-1968) en Jules De Roeck (1887-1966). Het Zeemanshuis werd ontworpen door Paul Smekens (1890-1983) en Hendrik Wittockx (1893-1965), en in 1952-1955 opgetrokken aan de Falconrui. Voor het ontwerp van het Administratief Centrum, nochtans de meest prestigieuze opdracht van de drie, viel de keuze op de veel jongere docenten van de cursus Stedenbouw, Renaat Braem en Maxim Wynants (1907-1997). Braem liet vervolgens ook zijn schoonbroer Jul De Roover (1913), met wie hij in de eerste naoorlogse jaren vaker had samengewerkt, aan het architectenteam toevoegen. Het uitbrengen van de eerste plannen begin 1952, gaf aanleiding tot een giftige polemiek in de Franstalige katholieke pers. Hoewel het hele project onder vuur werd genomen: *'la mégalomanie à Anvers… la pharamineuse dépense – 300 à 400 millions… Ce bâtiment qui sera surtout de verre – chose bien étrange pour un centre policier'*, gold de kritiek toch vooral de politieke overtuiging van twee van de architecten. Onder de kop: *'Un comble: Des communistes chargés des plans du Centre de la police anversoise!…'* viseerde de krant *La Libre Belgique* zonder namen te noemen Braem en De Roover, gewezen verzetsstrijders binnen het door communisten gedomineerde Onafhankelijkheidsfront. *'Ces communistes ne seront pas seulement en possession des plans détaillés de cet important centre policier mais, bien plus fort encore, ces derniers seront même de leur propre conception et élaborés suivant les conseils ou directives qui, le cas échéant, pourraient leur être donnés par leur parti. Ils auraient même la faculté – si l'ordre devait leur en être enjoint – de prévoir sciemment un 'point sensible' dans la construction de ce gigantesque building. Au moment opportun ou en cas de conflit, une charge explosive placée à cet endroit vulnérable pourrait provoquer l'effondrement de tout cet édifice de 14 étages, en entrainant la mort d'une bonne part des*

Foto van een verdwenen maquette van het Administratief Centrum in zijn meest definitieve vorm uit 1957, met een tweede toren van tien verdiepingen. (verz. AAM)

1.800 agents chargés d'assurer l'ordre et la sécurité dans la ville, et en détruisant, du même coup, toute la direction, l'administration et la documentation des différents services de la police anversoise.' Burgemeester Craeybeckx deed die potsierlijke oprisping van lokaal McCarthy-isme af met de opmerking dat het maar om 'saloncommunisten' ging. Braem was na de oorlog actief gebleven binnen de communistische beweging en zou zijn marxistische overtuiging ook nooit verloochenen. Later zou hij echter verklaren dat hij juist in die periode totaal vervreemd was geraakt van de politieke lijn van de Kommunistische Partij.

Renaat Braem wenste het project voor het Administratief Centrum te koppelen aan een radicale saneringsoperatie en een hertekenen van het stadsweefsel, in overeenstemming met de *volonté de grandeur* eigen aan de 'Antwerpse mentaliteit'. In een eerste concept brak hij het volledige gebied open tussen de Schoenmarkt en de Oudaan, in de as van het Bisschoppelijk Paleis. Die ruimte, een voetgangersgebied ter grootte van het voorplein van het Louvre, moest het middelpunt vormen van een nieuw, ingesloten stedenbouwkundig ensemble. Niet alleen de volledige administratie en de politie van de Stad Antwerpen konden hier worden geconcentreerd, maar ook de administratieve diensten van het provinciebestuur en van de centrale overheid. In het hart van de stad zou 'oude rommel' uit duistere tijden plaatsmaken voor het heldere symbool van een rationele maatschappij, dicht bij en volledig ten dienste van de burger. Als een eigentijds belfort moest dat prestigieuze administratieve complex een waardige tegenhanger worden van het stadhuis en de kathedraal, de bakens van civiele trots uit het verleden. In een ruimer stedenbouwkundig verband zou op schaal van de binnenstad een cluster van stadspleinen ontstaan, die het nieuwe Administratief Centrum verbond met de nabijgelegen Groenplaats en de Grote Markt. Het idee de rol van het stadscentrum te herwaarderen als het symbolische hart van de stadsgemeenschap, paste in de evolutie van het moderne stedelijke denken in de naoorlogse periode. Door oorlogsverwoestingen waren vele stadscentra in Europa herschapen tot de tabula rasa, waarvan men vóór de oorlog nog gedroomd had als voorwaarde tot radicale vernieuwing, maar die in realiteit een nachtmerrie van vervreemding en verlies aan identiteit bleek te zijn. De stedenbouw uit de pioniersjaren van het modernisme had uit rationeel oogpunt een scheiding van de maatschappelijke functies bepleit, zonder rekening te houden met de emotionele betekenis van de historisch gegroeide stad. De eerste naoorlogse CIAM-congressen richtten hun aandacht opnieuw op de symbolische rol van de stadskern, als de concentratie van het stedelijke leven. Hierbij werd het begrip *civic core* geïntroduceerd – hart van de stad en van de civiele gemeenschap. De stadskern moest haar menselijke schaal herwinnen, een spontane ontmoetingsplaats worden, en uitdrukking geven aan de *synthèse des arts*, de stad als totaalkunstwerk. Als beeld van de *civic core*, die zowel op schaal van de stad of de wijk het centrum van de gemeenschap moest uitmaken, ging de voorkeur naar een ware stedelijke monumentaliteit, bepaald door een concentratie van grote, openbare gebouwen met een krachtige plastiek.

De ambities van het stadsbestuur reikten helaas minder ver. Het voluntaristische plan van Braem werd wegens het te grote aantal onteigeningen onhaalbaar geacht. Het lijkt er zelfs op dat het architectenteam voor de uitbouw van het Administratief Centrum aanvankelijk alleen de gronden van de vroegere *Cité* ter beschikking kreeg. Deze overdekte winkelgalerij met markthal van omstreeks 1840, die de Oudaan verbond met de Everdijstraat, was al eigendom van de stad. De locatie viel weliswaar samen met het zuidelijke sluitstuk van de nieuwe aanleg in Braems eerste concept, en was ook daar al bestemd voor de gebouwen van de stadsadministratie en de politie. Alleszins werden bij wijze van voorstudie in 1950 niet minder dan veertien voorstellen geformuleerd voor de inplanting van een gebouwencomplex op dat ingesloten perceel, gaande van één monolithisch torenvolume dwars of in de lengteas van het terrein, tot een lager complex met meerdere volumes in gesloten, parallelle, kruis- of waaiervormige formatie. Telkens werden de voor- en nadelen afgewogen inzake oriëntatie en bezonning, indeling en circulatie, het aandeel open ruimte en de relatie tot het straatbeeld. Een torengebouw met een noordzuidelijke oriëntatie, parallel met de Oudaan, kwam daarbij als meest gunstig uit de bus. Het ontwerp van het huidige torengebouw, dat door Braem en zijn team reeds in 1951 op basis van de voorstudies werd uitgewerkt, ging aanvankelijk dan ook nog van die inplanting uit. Inmiddels bleek het stadsbestuur toch het besluit te hebben genomen het terrein voor het Administratief Centrum uit te breiden, zij het dan tot het volledige bouwblok tussen de Oudaan en de Everdijstraat, de Kammenstraat en de Korte en Lange Gasthuisstraat, haaks op Braems eerste concept. De

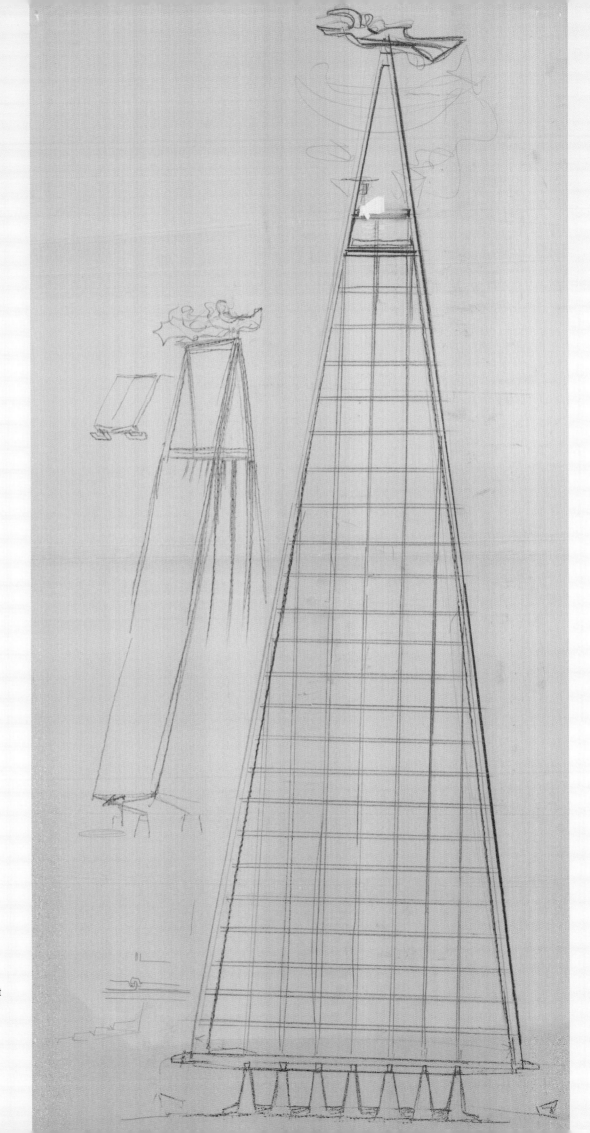

Versie van een laatste voorontwerp voor het
tweede torengebouw van het Administratief
Centrum uit 1966. (verz. AAM)

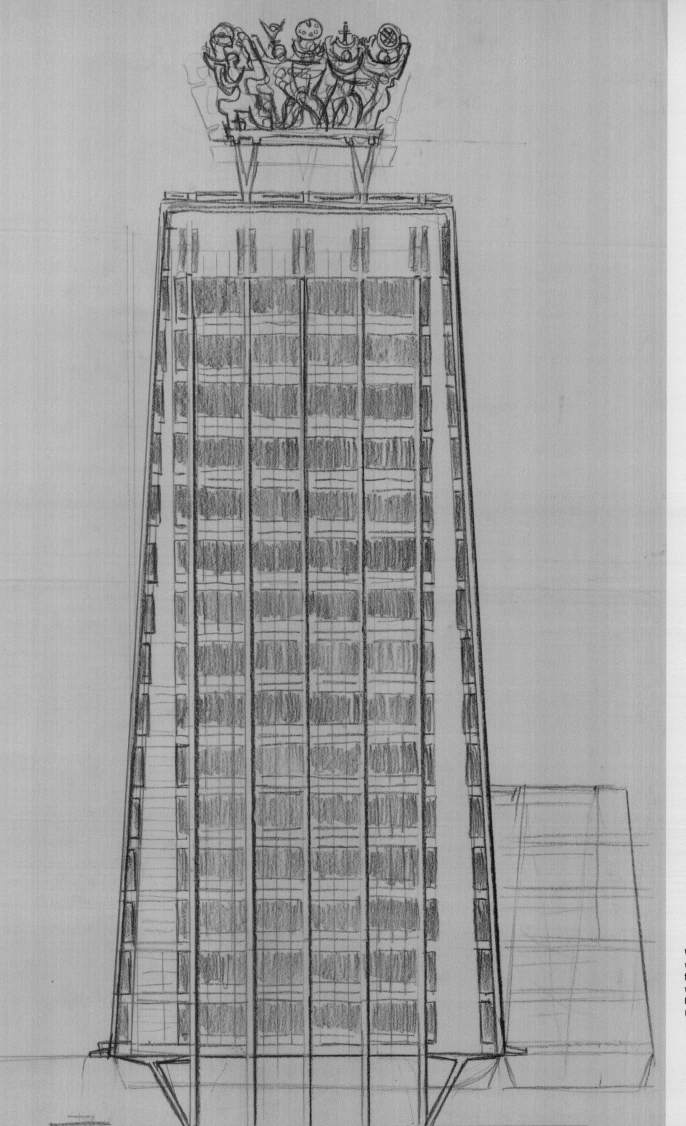

Versie van een laatste
voorontwerp voor het
tweede torengebouw
van het Administratief
Centrum uit 1966.
(verz. AAM)

reeds ingediende plannen voor het torengebouw werden desondanks goedgekeurd, op voorwaarde dat de inplanting een kwartslag zou worden gedraaid tot een oostwestelijke oriëntatie, parallel met de Korte en Lange Gasthuisstraat. Die nieuwe situatie vormde de basis voor het verdere concept van het Administratief Centrum, waarvan een eerste versie tot stand kwam in 1951-1952 om na diverse wijzigingen definitief op papier te staan in 1957. In grote lijnen betrof het een aan drie zijden gesloten rechthoekig gebouwencomplex, de korte zijden ingenomen door het huidige torengebouw van zestien verdiepingen en een tweede torengebouw op 100 m afstand, de lange noordzijde kant Everdijstraat ingenomen door een lagere verbindingsvleugel. Het binnengebied bood ruimte aan een dieper gelegen parkeerterrein voor bezoekers, bedoeld om de auto's zoveel mogelijk aan het zicht te ontrekken, boven op een ondergrondse parkeergarage voor het personeel. De esplanade eromheen stond via open colonnades onder de gebouwen door, in verbinding met de omringende, verbrede straten. In de loop van het ontwerpproces varieerde de hoogte van het in oppervlakte kleinere tweede torengebouw, van amper vier tot achttien verdiepingen of meer. De definitieve versie telde tien verdiepingen, nog eens bekroond met een watertoren, een massief volume op pijlers met de vorm van een afgeknotte piramide. Om het complex visueel te integreren in het stadsbeeld aan de zijde van de Kammenstraat, stelden Braem en zijn team tevergeefs voor het bestaande huizenblok op de hoek met de Oudaan te vervangen door een aangepaste nieuwbouw met een open karakter, die zou aansluiten op de Sint-Augustinuskerk. Die waardevolle barokkerk zou op haar beurt vrijgemaakt en gerestaureerd worden, wat de architectuur alleen maar ten goede kon komen. Een detail dat bijzondere aandacht kreeg, was de open loopbrug, die op het niveau van de tussenverdieping de circulatie verzekerde tussen het eerste torengebouw en de verbindingsvleugel. Braem zocht hier naar een sculpturale expressie voor de centrale steunpijler, die na diverse experimenten de vorm aannam van een bijna 40 m hoge, ranke naald, een krachtig ijkpunt voor de toegang tot het Administratief Centrum vanuit de richting Groenplaats. Het aanvankelijke idee voor een groenscherm aan de open zuidzijde kant Oudaan, maakte in de definitieve versie plaats voor een vrijstaand café-paviljoen. Een *reflecting pool* op de hoek met de Lange Gasthuisstraat ten slotte, moest het verst gelegen eerste torengebouw weerspiegelen.

Onder druk van burgemeester Craeybeckx was het architectenteam er inmiddels in geslaagd de uitvoeringsplannen voor de eerste bouwfase, het huidige torengebouw, in 1953, in een recordtijd van zes weken uit te werken. De bouw ervan nam echter pas in 1958 een aanvang, en hoewel de ruwbouw al in 1960 werd beëindigd, zou de voltooiing wegens de aanhoudend deficitaire staat van de stadskas nog tot 1967 op zich laten wachten. Op het moment dat ook de volgende fasen, bijna twintig jaar na de start van het project, moesten worden aangevat, bleken de tijden veranderd. Te verwachten mobiliteitsproblemen in de binnenstad wegens de toename van het verkeer, mogelijk ook een onvoorspelde groei van het ambtelijke apparaat, deed het stadsbestuur afzien van de beoogde concentratie van alle administratieve diensten op één plek. De nieuwe gebouwen zouden vervolgens worden ingeplant aan de Desguinlei, onderdeel van de voor het autoverkeer beter bereikbare Singel. Renaat Braem deed in 1966 nog een vergeefse poging het tij te keren, door een tweede torengebouw voor zijn Administratief Centrum te ontwerpen dat het eerste nog in hoogte en monumentaliteit zou overtreffen. Met dat idee had hij ook al vijftien jaar eerder, in de beginfase van het ontwerp gespeeld. Een drietal alternatieven van meer dan twintig verdiepingen hoog zagen het licht, onder meer torenontwerpen in de vorm van een ranke, hoog oprijzende piramide of van een trapezium met een kolossale beeldengroep als bekroning. Het strakke, repetitieve functionalisme van het oorspronkelijke concept, kreeg hier een meer organische, plastische dimensie, in overeenstemming met de evolutie van Braems architectuur in de latere jaren 1960. Wat er van al die grootse plannen rest, zijn virtuoze schetsen op papier. Het politiekorps nam vanaf 1966 geleidelijk en in 1967 definitief zijn intrek in wat voortaan de Politietoren zou worden genoemd. Verweesd en ontdaan van elke context ging het ambitieuze torengebouw, op de drempel van de jaren 1970, in een antiautoritair klimaat van protest en inspraak, flowerpower en *let it be*, symbool staan voor het tegendeel van zijn intenties. Ver weg was de *civic pride* van de wederopbouwjaren. In tijden waarin de stedenbouw in het teken stond van 'inbreiding' en bewonersparticipatie, en de kleinschaligheid van het woonerf tot ideaal werd verheven, restte voor de Politietoren slechts een onbehaaglijk gevoel van misplaatste megalomanie... een aanslag op het hart van de stad.

Renaat Braem beschouwde het Administratief Centrum, het nieuwe Stadhuis, als een verheven opdracht, die hem op één lijn bracht met de grote bouwmeesters uit het verleden van Antwerpen. Hij was van oordeel dat slechts een gebouw dat een evenwichtige synthese van functie, vorm en constructie tot uitdrukking bracht, blijvende geldigheid kon verkrijgen. Het 'modieuze cliché' van torengebouwen, die als 'beschuitdozen' of 'onder-Mies van der Rohe's' hun constructie achter een anonieme, glazen 'curtain-wall aan de lopende meter' verstopten, kon maar beter uit de skyline worden geweerd. 'Architektuur is niet moderner omdat haar lijnen de "rock and roll" dansen. De vooruitgang zit ook niet, oh prebafrikanten, in het louter toegeven aan een steeds grotere gemakzucht, maar in het doordringen van alle levensfunkties met een geest van eerlijkheid en waardigheid.' Bij het ontwerp van het Administratief Centrum vertrok hij van een gewild 'gotisch karakter', dat het torengebouw qua vorm, kleur en materiaal een visuele en symbolische context moest bieden in relatie tot de toren van de kathedraal. Eenzelfde zorg voor contextuele inpassing kenmerkte de bekende *Torre Velasca* in Milaan, een van de hoogtepunten van de naoorlogse architectuur in Italië, eveneens vanaf 1950 ontworpen door het architectenbureau BBPR (Gianluigi Banfi, Lodovico B. Belgiojoso, Enrico Peressutti en Ernesto N. Rogers) en opgetrokken in 1956-1958. Ook dit torengebouw met kantoren en flats in de schaduw van de *Duomo*, refereerde met zijn uiterlijke verschijningsvorm en uitkragende bekroning aan een middeleeuws symbool van de stad, het *Castello Sforzesco*. In beide gevallen gold de harmonie tussen context, geschiedenis en eigentijdse vormgeving als de sleutel tot de 'vermenselijking' van het modernisme. Toch beantwoordde de vormgeving van zowel het Administratief Centrum als van de *Torre Velasca* aan een constructieve en functionele logica, zonder zich aan decoratieve spielerei te bezondigen. De ranke kolommen uit gewapend beton, die de uitgesproken verticaliteit van beide torengebouwen bepalen, zijn immers niet minder dan het dragende skelet van de constructie, dat aan de buitenzijde van de gevels werd geplaatst om een vrije planindeling van het interieur mogelijk te maken. Een uitgekiende buitenverlichting moest dat skelet ook 's nachts tegen het gevelvlak aftekenen. Braem gaf de kolommen een zeshoekige vorm, niet alleen om ze optisch slanker en expressiever te maken, maar ook om een breder uitzicht en een betere lichtinval in de

kantoren te garanderen. Dezelfde zeshoek werd vervolgens doorgetrokken in de volledige detaillering van het gebouw, van de arduinen vloertegels en de houten zitbanken in de inkomhal tot de vorm van de inkomsassen en de traptorens. Het veruitwendigen van de structuur van het torengebouw bleef niet beperkt tot de verticale kolommen alleen; ook de horizontale plateaus gaven een nadrukkelijke geleding aan de gevelvelden. De ongewone constructiemethode en het voor die tijd vernieuwende, zichtbare gebruik van gewapend beton kon echter niet iedereen bekoren. Provinciaal architect Jan Sel (1888-1960) veroordeelde begin 1952 'de ondoelmatige opvatting der buitengevels', ongeschikt voor ons grillige klimaat. 'De architecten mogen voor een openbaar gebouw geen gewaagde oplossingen aanwenden en moeten zich voor de opvatting der buitengevels laten leiden door degelijke voorbeelden van in België sinds jaren uitgevoerde toepassingen en enkel bouwwijzen voorstellen die aan de Stad Antwerpen de volstrekte waarborg van duurzaamheid aanbieden en alle voorbarige schade en onberekenbare herstellingswerken uitsluiten.' Braem wist zich echter gesterkt door een gunstig advies van de Gentse professor Gustave Magnel (1889-1955), de onbetwiste autoriteit inzake betonconstructies, en besteedde de grootste zorg aan de technische uitvoering. Zo paste hij een fijn gegroefde stalen bekisting toe die door zijn textuur niet alleen 'het armelijke kartonaspekt van effen beton' moest vermijden. Omdat het vuil zich in de diepte van de groeven zou ophopen, voorspelde hij ook dat het beton zonder 'vormvernietigende vegen' zou verweren. Eenzelfde aandacht voor detail en een intelligent gebruik van systeembouw kenmerkte het ontwerp van het gevelscherm, opgebouwd uit losse, verdiepinghoge elementen in geanodiseerd aluminium volgens een module van 1m 22. Op deze module, volgens Braem een 'menselijke maat' namelijk vier voet, was overigens de volledige maatvoering van het gebouw gebaseerd. Voor de vulling van de borstweringen en de bekleding van de zijgevels koos Braem Franse chauvignysteen, in de kleur van de kathedraal en de Boerentoren. Het resultaat van die architectuuropvatting was een solide materiaalexpressie, een monumentale aanwezigheid in beton en steen die zich afzette tegen de lichte vluchtigheid van torengebouwen in de gangbare Internationale Stijl en een aanzet gaf tot het 'brutalisme'.

Het idee voor de oprichting van het Administratief Centrum was vooral ingegeven door de overtuiging dat concentratie zou leiden tot het daadwerkelijke functioneren van een ambtelijk apparaat, dat tot dan oncontroleerbaar gehuisvest was in oude herenhuizen verspreid over de gehele stad. Renaat Braem rapporteerde verbijsterd over 'oude versleten krotten, waar de "chef de bureau" troonde in de verandah, terwijl de opstellers opgesloten zaten in de donkere tweedeplaats-eetkamer, verwarmd met een kolomkachel waarop op het moment van ons onverwacht bezoek, op het middaguur, gezellig een omelette met spek tot de gewenste velouté tekstuur gebracht werd'. De beginfase van het ontwerpproces bestond dan ook uit het opstellen van een organisatieschema van de verschillende stadsdiensten, hun bezetting en functionele noden, die in de nieuwe gebouwen als een geoliede machine tot leven moesten worden gebracht. Braem ontwierp de inkomhal als een uitnodigend gebaar, een autonoom trechtervormig volume dat van tussen de kolommen in het midden van het torengebouw naar voor sprong. Dat open paviljoen moest met een golvend plafond in kleurrijk mozaïek en speels gebeeldhouwde wandreliëfs, het immateriële karakter van een totaalkunstwerk krijgen. Voor het beeldhouwwerk dacht hij aan de Frans genaturaliseerde, Russische beeldhouwer Ossip Zadkine (1890-1967), internationaal bekend met onder meer het beeld *De verwoeste stad* (1953) in Rotterdam. Die verklaarde echter dat het opgelegde thema 'De Stad' hem onmogelijk kon inspireren, waarna Braem besloot de architectuur dan maar voor zichzelf te laten spreken. De eerste twaalf verdiepingen vormen open plateaus van ruim 700 m², die met verplaatsbare wanden flexibel konden worden ingedeeld op het ritme van de ambtelijke evolutie. Een efficiënt gebruik van een dergelijk gebouw is afhankelijk van een optimale interne circulatie, verticaal en horizontaal. Meerdere liften van verschillende omvang in het centrale trappenhuis stonden ter beschikking, enerzijds van de bezoekers tijdens de publieke openingsuren, anderzijds van het personeel bij het betreden en het verlaten van het gebouw aan het begin en het einde van de werkdag. Voor de circulatie van personeel en dossiers tussen de kantoorverdiepingen onderling, tijdens de kantooruren, waren in de noodtrappenhuizen aan de uiteinden van het gebouw, vanaf de tussenverdieping, zogenaamde paternosterliften met open eenmanscabines voorzien. Op het niveau van diezelfde tussenverdieping zouden ook alle toekomstige gebouwen van het Administratief Centrum via een stelsel van loopbruggen met elkaar in verbinding staan. Daarnaast had Braem berekend dat de loopafstand van elk punt van de kantoren naar elk ander punt van het gebouw nooit meer dan 2 x 25 m zou bedragen. Zoals in de meeste torenontwerpen van Braem was het spektakel voorbehouden voor de topgeleding, tegelijk het meest publieke onderdeel van het gebouw. In het Administratief Centrum herbergde die topgeleding over vier niveaus het 'sociaal centrum', een polyvalente ontmoetingsruimte die in een openbaar gebouw als dit, net zoals in een sociaal wooncomplex, niet mocht ontbreken. Ook multifunctionaliteit was een typisch kenmerk van de grootstedelijke architectuur in de jaren 1950. Om dat gegeven plastisch gestalte te geven, experimenteerde Braem in een eerste reeks voorontwerpen met een expressieve vormgeving, die het 'sociaal centrum' duidelijk moest onderscheiden van de rest van de toren. Het eerste ontwerp dat in 1951 werd ingediend, bracht alle deelfuncties ervan onder in aparte, herkenbare volumes. Maar wegens de kritiek die die oplossing bij zowat alle instanties oogstte, koos Braem uiteindelijk voor de huidige afgeknotte piramide met V-vormige pijlers, een vorm die hij kenmerkend vond voor de Antwerpse skyline. Het 'sociaal centrum' bood onder meer ruimte aan een restaurant, foyers, kleedkamers en stortbaden, en een feest- of turnzaal met projectiecabine. In het open en heldere interieur, met zijn gevarieerde ruimtelijke continuïteit, zijn *split-levels*, vides en trappartijen, bestond de werkelijke attractie echter uit het adembenemende panorama dat van alle kanten wenkte, de stad aan je voeten, de eindeloze horizon, de gloed van de zon in de Schelde, de glans van de maan op de kathedraal.

'Het ware het hoogste geluk voor de ontwerpers moest het uitgevoerde komplex en plein die geestelijke kwaliteit uitstralen welke de opdracht verdient en... moest de Antwerpenaar er een stukje van zijn ziel in aanwezig voelen', verklaarde Braem nog hoopvol bij het beëindigen van de ruwbouw in 1960. Later zou hij berusten in de vaststelling dat de 'man van de straat' er volstrekt onverschillig bij bleef: 'De zoveelste droom die wij hebben moeten prijsgeven omdat de commercie sterker is dan de inspiratie!'

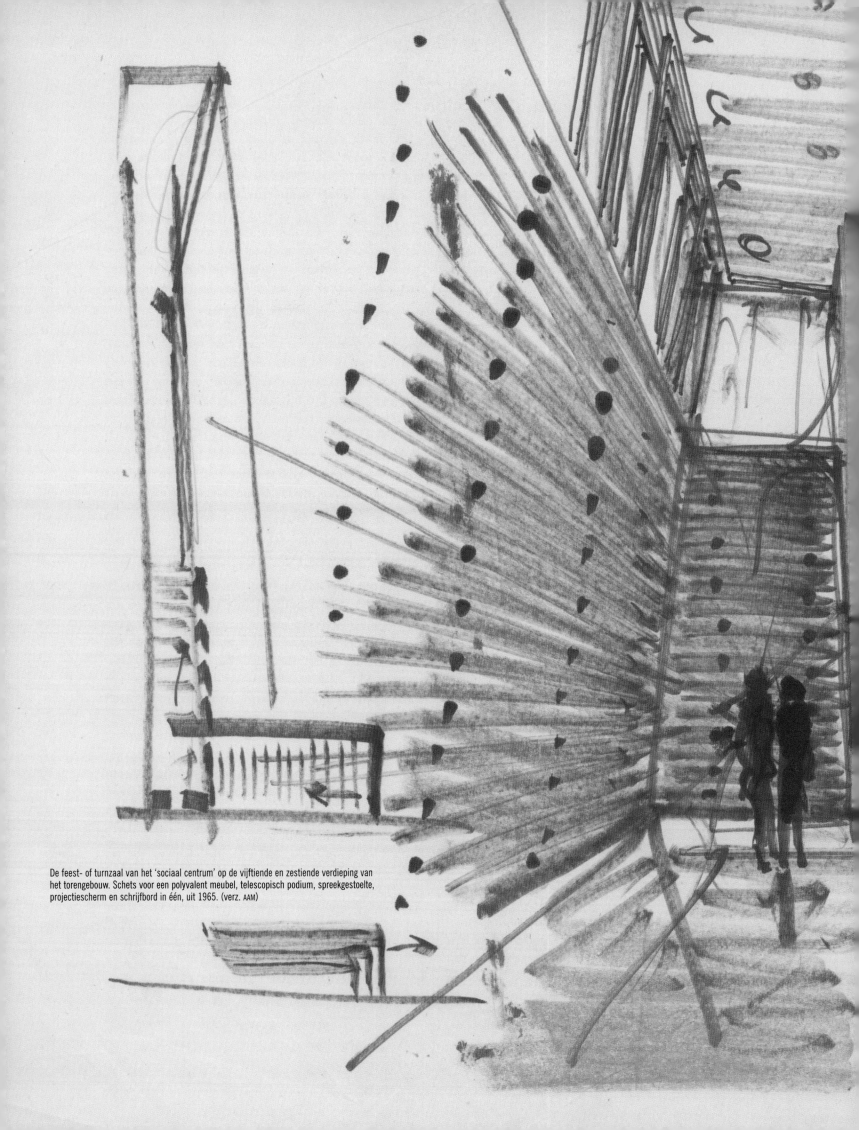

De feest- of turnzaal van het 'sociaal centrum' op de vijftiende en zestiende verdieping van het torengebouw. Schets voor een polyvalent meubel, telescopisch podium, spreekgestoelte, projectiescherm en schrijfbord in één, uit 1965. (verz. AAM)

SATELLIETSTAD AAN DE STROOM

Heel Europa kende in de naoorlogse jaren een nijpend woningtekort, het gevolg van oorlogsschade en langdurige stilstand in de bouw. In Nederland, Frankrijk en het Verenigd Koninkrijk trok de overheid het initiatief voor de wederopbouw naar zich toe met meerjarenplannen en grootschalige huisvestingsprojecten. In het verzuilde België werd vanuit katholieke hoek vooral de ondersteuning van het privé-initiatief gepromoot, met als ideaal de eigen eengezinswoning in landelijke omgeving. Dankzij het succesvolle premiestelsel van de wet-De Taeye, kende dat type een massale verspreiding. De socialistische tegenreactie manifesteerde zich in het bevorderen van de collectieve woningbouw, zij het met heel wat minder impact op de woongelegenheid. Dankzij baanbrekende realisaties als het Kiel vestigde Renaat Braem zijn reputatie in dit bouwen voor *le plus grand nombre*, waarbij hij resoluut koos voor hoogbouw. Alleen de schaal van de collectieve woningbouw leende zich immers tot experimenten in het ontwikkelen van nieuwe constructietechnieken en bouwsystemen, die niet alleen invloed hadden op het vormelijke aspect van de architectuur, maar nog meer op de bouwkost. Even belangrijk was zijn geloof in de maakbaarheid van de samenleving. Het ideaal voor het 'nieuwe wonen' was de *neighbourhood unit*, gemeenschappen van gemiddeld 5000 inwoners, gebaseerd op vrijheid en solidariteit, op een verhoogde levenskwaliteit en maximale zelfontplooiing, een 'stralende stad' vol 'levensvreugde' op het ritme van de vooruitgang. Braem hield zich trouw aan de CIAM-ideologie, zoals die door Le Corbusier in 1943 was vastgelegd in *La Charte d'Athènes*, het richtsnoer voor de naoorlogse stedenbouw. Die schreef een strikte scheiding voor van de vier hoofdfuncties van het maatschappelijke leven: wonen, werken, verkeer en cultuur of recreatie. Voor het wonen werd hoogbouw in het groen als ideaal naar voor geschoven. De woonkernen dienden zich op bereikbare afstand te bevinden van de industriële productiekernen, die op hun beurt op één lijn moesten liggen met de verkeersinfrastructuur.

De sociale woonwijk op het Kiel uit 1950-1957, met woonblokken op pilotis naar het voorbeeld van de *Unité d'habitation* van Le Corbusier, was Braems eerste grote realisatie in dit verband. Voor de wijk Sint-Maartensdal in Leuven uit 1955-67 introduceerde hij voor het eerst een stedenbouwkundig model met een compositie van langgerekte, middelhoge woonblokken, waaraan centraal ingeplante woontorens een krachtig verticaal accent verleenden. In een eerste concept voor dat project plaatste hij bovenop de twee hexagonale torengebouwen volledig glazen paviljoens met een panoramisch café en restaurant. In diverse projecten voor sociale woningbouw uit de vroege jaren zestig werkte hij het thema van de woontoren verder uit, tot een type van gemiddeld twintig verdiepingen met telkens vier appartementen, de ideale indeling voor een maximaal uitzicht en een optimale lichtinval. Zo plande hij voor de Arenawijk in Deurne niet minder dan zeven torengebouwen, met op de dakverdieping een kunstenaarswoning met atelier. Noch die, noch gelijkaardige woontorens die hij vervolgens ontwierp voor de wijken Vorsenkweek en Nieuw Deurne in dezelfde gemeente, of Polderstad in Hoboken, werden ooit gebouwd.

Al die tijd bleef Braem verder dromen van de stad van de toekomst en zette hij visionaire modellen op papier, vergelijkbaar met radicale utopische idealen uit de jaren zestig als de *Plug-in City* van het Britse collectief Archigram of de *No-Stop City* van het Italiaanse Archizoom Associates. Dat hij daarbij de CIAM-principes trouw bleef, maar evenzeer de ongekende uitdagingen van een toekomstig maatschappijbeeld aftastte, blijkt onder meer uit zijn project voor Lillo. Op het moment dat de Antwerpse polder werd geannexeerd en opgespoten om de havenuitbreidingen toe te laten, ontwikkelde Braem een imaginair model voor huisvesting op dat herwonnen land. Het betrof hier mogelijk een eigen initiatief, dat publiek werd gemaakt op de tentoonstelling *Antwerpen Bouwt* in 1957. Midden in het havengebied plande hij de Stad Lillo, een nieuwe stad voor achtduizend inwoners, die vorm moest geven aan het socialistische ideaal van de egalitaire, klasseloze maatschappij. Het beeld dat hem hierbij voor ogen stond, was de satellietstad te midden van het groen, een woongemeenschap die ruimte en zuivere lucht zou bieden, stilte, veiligheid en schoonheid, als basis voor geestelijke en lichamelijke gezondheid. Vooruitgeschoven in de Schelde en beschut door een *green belt*, moest deze *new town* de geur van de rivier ademen en een uitzicht bieden over de weidse polders. Toch zouden de bedrijven en de haveninstallaties, de potentiële werkverschaffers voor de bewoners, op fietsafstand liggen. Een autosnelweg en een metro zouden de slagaders vormen tussen Lillo, de kernstad en het hinterland.

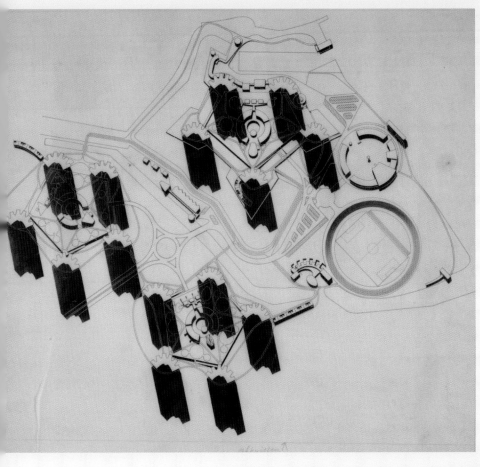

Links: Stedenbouwkundig ontwerp van de Satellietstad Lillo, uitgebouwd rond de oude vesting aan de Schelde. (verz. VIOE)

Onder: Schets voor de stedenbouwkundige aanleg van de Satellietstad Lillo. (verz. VIOE)

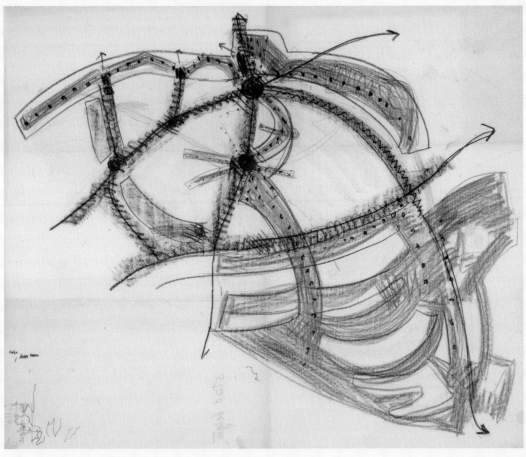

Links: Schets voor de inkompartij van een woontoren van de Satellietstad Lillo. (verz. VIOE)

Onder: Schets voor een 'wooneenheid' van de Satellietstad Lillo, met winkels en een 'sociaal centrum'. (verz. VIOE)

Het geloof in de democratisering van het luchtverkeer werd vertaald in de inrichting van niet minder dan tien landingsplatforms voor helikopters, een recent vervoermiddel dat kort daarna door Sabena zou worden gecommercialiseerd naar aanleiding van Expo 58. In het ontwerp werd de vijfhoekige bastionstructuur van de oude vesting Lillo behouden, als centrum van een nieuwe aanleg in klaverbladvorm die uit drie clusters van telkens vijf identieke woontorens bestond. Binnen die aanleg werden de verkeersstromen resoluut gescheiden: het voetgangersverkeer op een verhoogd niveau dat alle onderdelen van de wijk met elkaar verbond, het gemotoriseerde verkeer in verlaagde beddingen die vanaf de invalsweg rechtstreeks uitmondden in ondergrondse parkeergarages. Tot de voorzieningen die het gemeenschapsgevoel van de *neighbourhood unit* moesten bewerkstelligen, zouden een winkel- en ontspanningscentrum behoren, buurtwinkels, een sociaal centrum en clublokalen, kleuterscholen, een lagere en een technische school, een hotel, een museum, een sportcentrum en een openluchtzwembad.

Braem gaf de woontorens een gebogen, zeslobbige vorm die niet alleen een organische expressie benaderde, maar ook maximaal uitzicht en bezonning bood. Elke woontoren telde dertig verdiepingen met in totaal 180 flats, die elk over een royaal zonneterras met zicht op de Schelde beschikten. Op het dak bevond zich een meditatiecentrum als baken van rust in het jachtige bestaan. De technische bravoure die hij voor die gebouwen ontplooide, nam een voorschot op de toekomst. Als structuur voorzag Braem een staalskelet, voor de vloeren dacht hij aan staaldekken, voor de binnenmuren aan gewichtloze kunststof met een hoge isolerende waarde. De appartementen konden met modulaire systeembouwelementen door de bewoners zelf naar eigen inzicht worden ingedeeld. Het meest vooruitstrevende idee was de dubbelwandige buitenmantel van plexiglas, die doorheen de seizoenen het klimaat moest reguleren met een minimum aan energie: isolatie en opslag van warme lucht in de winter, geactiveerde circulatie van koele lucht in de zomer. Onderdeel van dat principe waren om hun as draaiende binnenwandpanelen met een zwarte en een witte zijde, die beurtelings het zonlicht moesten aantrekken of afstoten. 'De nieuwe materialen brengen onafzienbare mogelijkheden. In de woningbouw van morgen zullen twee oeroude vijanden eindelijk worden overwonnen: het gewicht en het water. De nieuwe materia-len voor ruimteontsluiting en indeling hebben geen gewicht meer, terwijl de zuilen en balken in staal of voorgespannen beton steeds hogere spanningen kunnen verdragen. Daardoor wordt het mogelijk met minder kosten steeds hoger te bouwen. Het groeperen der woningen in de hoogte maakt het mogelijk de grond open te houden voor groen en ontspanning, de steden te beperken in oppervlakte en de landbouw de nodige ruimte, tot binnen de stad, te waarborgen.'

Door een steeds grotere concentratie van bewoners in één gebouw, op één plek, zou de verstedelijking een halt kunnen worden toegeroepen, om de natuur nieuwe kansen te geven. Het onderscheid tussen stad en land zou verdwijnen in een nieuwe wereld, waarin cultuur en natuur harmonisch verbonden waren. Die utopische visie herinnert aan het concept van 'de stedeloze stad', dat door Nederlands meest visionaire architect Hendrik Wijdeveld (1885-1987) gedurende zijn hele lange leven werd ontwikkeld. Renaat Braem knoopte terug aan bij de 'lijnstad' uit zijn studietijd en zou nog decennia blijven tekenen aan de 'Bandstad België'. De allesomvattende bandstad verbond alle bestaande productiecentra en woonkernen met elkaar in twee brede, gescheiden bandgebieden, van west naar oost en van noord naar zuid, te midden van het eindeloze 'bevrijde' groen. Het vaderland zou een 'totaalkunstwerk' worden en mettertijd een kosmisch ruimtegevoel veroveren.

BIBLIOGRAFIE

BRAEM, R., 'Administratief Centrum/Antwerpen', *Bouwen en Wonen*, 12 (1957), p. 455-457.

BRAEM, R., 'Het Administratief Centrum in wording', *Antwerpen*, 4 (1960), p. 147-151.

BRAEM, R., 'Immeuble administratif de la ville d'Anvers', *La Maison*, 3 (1968), p. 109-114.

BRAEM, R., *Het lelijkste land ter wereld*, Davidsfonds, Leuven, 1968.

BRAEM, R., *Het schoonste land ter wereld*, Kritak, Leuven, 1987.

STRAUVEN, F., *Renaat Braem. De dialectische avonturen van een Vlaams functionalist*, Archief voor Moderne Architectuur, Brussel, 1983.

Hoe zal de stad van morgen zijn?
Een vuilnisbak, een schrijn?
Een stad voor de mens?
Een stad voor het zwijn?
Stenen en wolken, aarde en water zwegen.
Evenmin ligt het antwoord te rapen langs de wegen.
De bouwers bouwen, maar zonder plan
Chaos van steen op steen, wijl 't niet anders kan.

Ochtendzon, uw gensterbundels lokten een tere stengel
uit het troebelgroene water
met glanzend scherpe knop, als een smaragden dreiging
maar die zich in de gouden morgen mild ontvouwde
tot uw schitterend symbool,
gouden hart, omkranst van wit en roze vlammen
feestelijk blije bloem, plan van een stad.
Zo zou de geest, eens door u in ons gelegd,
een symbool kunnen bouwen uit de chaos,
een stad, uw beeld, en open voor uw stralen,
tolk van liefde, waaruit ontstaan de mens.
Liefde, doorgereikt daarna van mens tot broeder
hand en geest gebarend in staal, beton en glas
naar het stil glimlachend raadsel heelal
waarvan hij hart en tolk is
door eigen wil
zingend in steen van het groot geheim
verhuld in het totale ZIJN
onuitspreekbare naam, mateloos groots,
maar aanwezig in het hart der waterlelie
morgenzon, hunkerend naar het Woord
dat groeit van niets naar AL.

Renaat Braem, *Het lelijkste land ter wereld*, 1968.

Schets voor een 'stedeloze stad' in de Kempen uit 1964.
Hoe de Kempen redden?
Verbod van eengezinshuizen villas en bungalows!
Iedere boom heilig verklaren!
Overbodige landbouw verbieden!
Industrie in het groen verstoppen!
Stad en land tot eenheid brengen:
hoogbouw in het land, groen in de stad!
Verkeerswegen en parkings verbergen!
Volksarchitektuur ter plaatse bewaren!
(verz. VIOE)

Aan de basis van de banlieue lag het *'urbanisme de la grue'*, het urbanisme van de kraan. Men plaatste de bouwkranen op zo'n manier dat men er drie torens mee kon bouwen zonder hem te moeten verplaatsen.

'Als men beweert dat de crisis van de banlieue het gevolg is van de architecturale vorm, dan meet men de architecten een machtspositie toe die zij eenvoudigweg niet hebben.'

DE TOREN KAN ER OOK NIETS AAN DOEN

GERT VAN LANGENDONCK | FOTOGRAFIE: KARIM BEN KHELIFA

Er zijn vele schuldigen voor de rellen – sommigen zeggen: de opstand – waarmee de Franse voorsteden zich eind vorig jaar in de internationale belangstelling werkten. Heel vaak worden daarbij de architecten die in de jaren 1970 de hoogbouwwijken ontworpen met de vinger gewezen. Gert Van Langendonck en Karim Ben Khelifa huurden gedurende twee maanden een flatje in de hoogbouwwijk Les Minguettes in Vénissieux, in de buitenwijken van Lyon, om te kijken wat daar van aan is. Dat ze in torens wonen, zo blijkt, is wel de minste van de zorgen van de banlieuebevolking.

Aan de voet van mijn toren staan geen drugdealers of andere probleemjongeren rond te hangen. Ik loop gewoon naar binnen nadat ik de deur met een elektronische sleutel heb geopend. Ook in de inkomhal word ik door niemand lastiggevallen: de plaats waar de probleemjongeren normaal gesproken zouden rondhangen, is ingenomen door een enorme kitscherige tuin met plastic planten compleet met een namaakhouten hekje eromheen. Dat is niet toevallig: het is maar een van de vele kleine maatregelen die de huisvestingsmaatschappijen hebben genomen om hangjongeren te verjagen, indien niet uit de wijk, dan toch naar iemand anders z'n toren.

De volgende ochtend staat mijn huurauto gewoon waar ik hem de vorige avond had achtergelaten: niet gestolen en ook niet in de fik gestoken. Ik onderdruk een licht gevoel van teleurstelling. (Niemand betreedt de wereld van de banlieue zonder een beetje vooroordelen in zijn bagage.) Volgens de statistieken worden in de Franse voorsteden per dag immers een honderdtal auto's in brand gestoken. Dat is het cijfer waarvan de Fransen met enige verbazing kennisnamen op 17 november 2005, toen de politie meedeelde dat de rust was hersteld in de banlieue na drie weken onrust en negenduizend uitgebrande auto's. Honderd auto's in de fik, dat was een normale dag in de banlieue, zo bleek. André Gerin, de communistische burgemeester van Vénissieux, zou mij later zeggen dat er op zijn grondgebied echt wel gemiddeld elke dag een auto in de fik gezet wordt. De burgemeester was een beetje teleurgesteld geweest dat we er op een verblijf van twee maanden geen enkele hadden gezien.

Lelijk is hij wel, de veertien verdiepingen hoge toren op nummer 63 van de Avenue des Martyrs de la Résistance, de eerste in de wijk waar ik mijn intrek neem. Mijn toren staat in Les Minguettes, de hoogbouwwijk van Vénissieux nabij Lyon. Rondom staat een bosje identieke torens. Het is wat men het 'urbanisme van de kraan' noemt, legt mijn gastvrouw Malika Matari (39, van Algerijnse afkomst) uit, *l'urbanisme de la grue*. Bedoeld wordt dat men de bouwkraan destijds zo heeft geplaatst dat men er drie torens mee kon bouwen zonder hem te moeten verplaatsen. Dat was het concept waarmee over heel Frankrijk wijken als Les Minguettes zijn gebouwd. Het moest snel gaan en het moest goedkoop zijn, en dat is er veertig jaar later aan te zien. 'Ze hebben mij ooit voorgesteld mijn appartement te kopen', lacht Matari, 'maar ik zou wel gek zijn. Ik geef het loodgieterswerk hier nog hooguit twee jaar. En dan zal het wellicht goedkoper zijn om de hele boel af te breken.'

KERKHOF VAN TORENS

Matari zegt dat niet zomaar. Afbraak is sinds jaren het antwoord bij uitstek van de Franse politiek op de problemen van de banlieue, en zoals steeds was Vénissieux de voorloper. Tijdens de 'hete zomer' van 1981 waren in Vénissieux en Vaulx-en-Velin, een andere buitenwijk van Lyon, de allereerste rellen uitgebroken tussen jongeren en politie. Bijna een kwarteeuw voor de rellen van vorig jaar de banlieue wereldberoemd maakten, werden in Vénissieux al zo'n 250 auto's gestolen en in brand gestoken. Het was een onmiddellijk gevolg van die rellen dat in 1983 de eerste torens werden gedynamiteerd in de wijk Monmousseau. Het waren niet toevallig de twee torens die de toegang tot de wijk domineerden, en van waaruit de jongeren dagenlang de politie hadden bekogeld met projectielen.

Het was nog maar het begin. Als men bij Malika Matari uit het raam gaat hangen, kan men net een glimp opvangen van wat zij *le cimetière des tours* (het kerkhof van de torens) noemt. Ooit was Malika daar actief als straathoekwerkster, toen er in de plaats van een groot grasveld nog tien woontorens stonden die

De Pyramidewijk in Les Minguettes. In de beginjaren heette dit in de volksmond *'le quartier des brioches'* omdat er bijna uitsluitend Fransen woonden.
Door toedoen van de wet-Barre trokken de meeste Fransen vanaf 1977 uit de wijk weg om een eigen huis, een 'paviljoen', te kopen.

Een van de resterende gebouwen van de Monmousseauwijk. De nieuwe trend is om de torens af te breken en te vervangen door kleinschaligere woningen. De bewoners zijn daar niet altijd gelukkig mee.

Aanvankelijk werd de banlieue aangeprezen als een gegeerde nieuwe manier van wonen.
Pas in de jaren 1980 werd het begrip 'banlieue' synoniem voor de sociale en economische problemen van een aan zijn lot overgelaten migrantenbevolking.

de naam La Democratie droegen. Vandaag staan er overal in Les Minguettes nog wegwijzers naar La Democratie, maar ze leidden nergens meer naartoe: de torens zijn in 1994 gedynamiteerd. Ze hadden toen al tien jaar leeggestaan, een spookstad van tientallen verlaten torens waar schoolgaande jongeren graag afspraakjes maakten op de terugweg van school, herinnert Matari zich.

Het voorbeeld van Vénissieux heeft school gemaakt. Een wet uit 2003 voorziet in de afbraak van 250.000 woningen in de zogeheten ZUS-wijken (*zones urbaines sensibles*) en de renovatie van nog eens 400.000 woningen. Sinds de rellen van november zijn daarvoor bijkomende middelen vrijgemaakt. Het is Frankrijks antwoord op wat premier Michel Rocard in het begin van de jaren 1990 een 'criminogeen urbanisme' noemde. Met andere woorden: als banlieuejongeren in de criminaliteit belanden, dan is dat de schuld van de architecten en de stadsplanners. Zeg maar: de schuld van Le Corbusier.

DE DROOM VAN DE BANLIEUE

Henri Thivillier, schepen van urbanisme in Vénissieux, steigert telkens wanneer de architectuur nog maar eens het boetekleed wordt aangemeten. '*C'est archifaux*', zegt Thivillier, zelf van opleiding architect. 'Als men beweert dat de crisis van de banlieue het gevolg is van de architecturale vorm, dan meet men de architecten een machtspositie toe die zij eenvoudigweg niet hebben. Het is een maatschappelijke crisis die het gevolg is van een jarenlang politiek beleid, en het resultaat van de beslissing om overal in Frankrijk grootschalige volkswijken op te trekken. En, het spijt mij, maar het waren niet de architecten die die beslissing hebben genomen.'

Er heeft wel degelijk een periode bestaan waarin de banlieue een model was voor een nieuwe vorm van wonen. Kort na het uitbreken van de rellen, eind oktober 2005 in Clichy-sous-Bois nabij Parijs, vond de krant *Libération* de brochure terug waarmee destijds het leven in La Forestière werd aangeprezen aan kandidaat-huurders. La Forestière staat bekend als de ergste toren van Frankrijk; al lang voor de rellen waren uitgebrande auto's en dichtgetimmerde handelszaken er schering en inslag. 'Een magnifiek kader, bloemen en bomen, de natuur is alomtegenwoordig en bepaalt het ritme van het leven in La Forestière', zo werd de toren verkocht aan de jonge Parijse kaders die droomden van een leven in een groene omgeving op pendelafstand van hun werk.

Ook de Minguettes hebben hun onschuldige kinderjaren gekend. Voor de eerste generatie Algerijnse migranten waren de torens een gigantische verbetering tegenover de bidonvilles waar ze vandaan kwamen, en waar ze soms in houten huizen woonden tussen modderige, ongeplaveide straten. Maar het was ook de periode van de stadsvlucht, en ook voor vele Fransen was de banlieue het model voor een nieuwe manier van wonen. 'Jean-Michel Aulas, de voorzitter van voetbalclub Olympique Lyonnais, woonde in die tijd in Les Minguettes', zegt Thivillier. 'Ikzelf woonde in een gelijkaardige wijk in Vaulx-en-Velin. Dat was toen geen enkel probleem; ik voelde mij daar erg goed.'

De kentering kwam er in 1977 en was niet de schuld van de architecten. In dat jaar werd de wet-Barre goedgekeurd, naar de toenmalige premier Raymond Barre. Bedoeling van de wet was om elke Fransman in staat te stellen om zijn eigen huisje te kopen; *l'accès à la propriété* heette dat. Voor het eerst werd het wettelijk mogelijk om een derde van zijn inkomen aan een hypotheek te besteden, en de staat stelt daartoe goedkope leningen ter beschikking. 'Het gevolg was dat de gezinnen die over een stabiel inkomen beschikten massaal uit de wijken wegtrokken', zegt Thivillier. 'Diegenen die achterbleven, waren de migranten omdat zij niet over het nodige inkomen beschikten. Het was het begin van de gettovorming.'

De wet-Barre heeft in grote mate bepaald hoe Frankrijk er vandaag uitziet. Elke Franse stad, hoe klein ook, heeft wel zijn banlieue. Meestal ligt de hoogbouwwijk op enkele kilometers van een oude dorpskern, en bijna onveranderlijk wordt de tussenruimte opgevuld door de zogenaamde paviljoenen, de eengezinswoningen waar de Franse middenklasse naartoe trok dankzij de wet-Barre. En hoewel die paviljoenen nog altijd in de banlieue lagen, werd het woord 'banlieue' gaandeweg steeds meer synoniem voor de hoogbouwwijken, waar een steeds homogener wordende migrantenbevolking aan haar lot werd overgelaten.

De huidige dertigers zijn de laatsten die zich de banlieue nog kunnen herinneren als een gemengde samenleving. We zitten in ons nieuwe appartement op zeven hoog aan de Avenue Marchel Cachin, op een steenworp van het appartement van Malika Matari.

Lumia Rahmuni (30): 'De banlieue plaatst obstakels op je weg, maar de banlieue maakt je ook sterk.'

'Toen ik jong was', herinnert Mohamed Ali (33) zich, 'noemden wij deze blokken *le quartier des brioches*, omdat hier bijna uitsluitend Fransen woonden. Als kind kwam ik hier deur aan deur brioches verkopen om wat zakgeld te verdienen. De Fransen vonden dat wel koddig: een Algerijntje dat brioches verkocht.' Vandaag de dag zou Mohamed zijn brioches aan de straatstenen niet kwijt kunnen: de nieuwe bewoners zijn bijna uitsluitend Turken en Tunesiërs.

De wet-Barre had ook een impact op de maatschappelijke verzuchtingen van de achtergebleven migrantenbevolking. Wie in een hoogbouwwijk opgroeit, droomt niet noodzakelijk van een appartement in het centrum van de stad of een villa op de buiten. Men begeert wat men elke dag ziet, en dat is voor vele banlieuebewoners een paviljoen. Zo ook voor de ouders van Lumia Rahmuni (30). Als eerste generatie migranten uit Algerije hadden de Rahmuni's er altijd alles voor gedaan om hun kinderen een betere startpositie te geven dan ze zelf hadden. En een paviljoen kopen, zo besloot vader Rahmuni, was de eerste stap op de weg naar een beter leven voor zijn kroost. Alleen: die kroost dacht daar heel anders over.

'Mijn vader heeft in 1989 een paviljoen gekocht halverwege Les Minguettes en het centrum van Vénissieux', vertelt Lumia. 'Voor hem was dat een gebeurtenis van enorm belang. Hij had er zelf zes maanden lang in gewerkt. Het probleem was dat de kinderen er niet zo over dachten. Wij wilden niet weg uit onze toren. Ik was te klein om daar iets over te zeggen te hebben, maar de vijf grootste kinderen hebben een tijd lang geweigerd om te verhuizen. Mijn ouders hebben dan de telefoon laten afsluiten, daarna de elektriciteit, maar zelfs toen wilden ze nog niet vertrekken. Ze hebben zich nog een paar dagen beholpen met kaarslicht, maar uiteindelijk is toch iedereen in het huis komen wonen.'

BANLIEUE-NOSTALGIE

Het was iets waar het beleid geen rekening mee had gehouden: dat de bewoners van de inmiddels vermaledijde woontorens, ondanks alles, aan hun omgeving gehecht waren geraakt. Toen in 1989 de afbraak van de Democratiewijk werd gepland, was even overwogen om er een groot spektakel van te maken. Niemand minder dan Jean-Michel Jarre zou een compositie maken om de afbraak te begeleiden, en het geheel zou live op televisie worden uitgezonden. Uiteindelijk zou het nog zes jaar duren vooraleer de spookstad tegen de grond ging, en in de plaats van Jarre voerden jongeren uit de buurt een dansperformance uit op het dak van een van de torens bij wijze van eerbetoon aan de buurt waar ze waren opgegroeid. 'Ik heb gehuild toen de Democratiewijk werd afgebroken', herinnert Ouahiba Mouchmouche (33) zich. 'Het was een belangrijk deel van mijn leven dat zo verdween. Het was niet iets om vrolijk van te worden.'

Maar Ouahiba is sowieso een banlieue-nostalgica, en een van haar grootste verdedigsters. 'Waarom heeft men het toch voortdurend over het "probleem" van de banlieue? De banlieue is fantastisch. Ik heb mij hier rot geamuseerd.' Ouahiba kan zelfs nostalgisch worden over de criminaliteit in haar banlieue. Vandaag de dag bestaat die vooral uit het onder mekaar hasj dealen in het aftandse winkelcentrum Venissy, maar in Ouahiba's kindertijd hadden de criminelen een zekere stijl. Ze herinnert zich hoe een stel jongeren uit de buurt eens een vrachtwagen vol Danone-yoghurt had gestolen. 'Ze hadden hem op het grasveld tussen de torens geparkeerd en de hele buurt uitgenodigd. Ik zag het gebeuren vanuit mijn raam en ben onmiddellijk naar beneden gerend met een lepeltje.' De oplawaai die ze na afloop van haar vader kreeg, nam ze er graag bij. 'Dat zou je vandaag de dag niet meer meemaken', zegt Ouahiba. 'Het is ieder voor zich nu.'

Wat ze eigenlijk bedoelt, is dat er in de banlieue wel degelijk een sociale samenhang bestaat, niettegenstaande de clichés die de ronde doen over de anonimiteit van torengebouwen. 'Ik weet dat ik het in de banlieue maanden zo niet jaren kan redden alleen door een beroep te doen op mijn netwerk van contacten hier. Ik ben er zeker van dat als ik in het centrum van Lyon woonde, ik binnen een paar weken op straat zou staan als ik geen werk had.' En dus blijft Ouahiba liever in haar vertrouwde en – voor haar – veilige banlieue.

Schepen Henri Thivillier is vertrouwd met het gegeven. 'We hebben onlangs moeten afzien van de geplande afbraak van een toren omdat de bewoners zelf zich daartegen hadden verzet. Zij vonden het nergens voor nodig om hun toren af te breken en te vervangen door iets anders.' Volgens Thivillier heeft dat niet zozeer te maken met een gehechtheid aan de toren zelf, dan wel met 'wat die toren symboliseert op het vlak van gemeenschapsleven en menselijke relaties'. Dat wil niet zeggen dat het zo'n pretje was om in die toren te wonen: 'Er waren ook veel bewoners die juist

Omar Bouzerzour (28): 'Ik verlaat de wijk steeds minder, tenzij om vrienden op te zoeken. Daarbuiten is het toch alleen maar stressen.'

'Men denkt dat de banlieue zo'n vreselijke plek is. Maar als je een job hebt, kun je hier goed wonen: ruim, goedkoop en met veel groen.'

Uit een recente enquête onder torenbewoners in probleemwijken bleek dat de meerderheid zeer tevreden is over de eigen woning, maar niet over de buurt en de sociale en economische impasse waarin de gemeenschap zich bevindt.

wel de afbraak wilden, omdat ze hun eigen woning nog amper konden betreden door toedoen van de bendes aan de ingang. Die mensen zouden nog het liefst willen dat we alle torens afbraken.'

Diezelfde dualiteit komt ook naar voren uit een enquete van het Franse IPSOS-instituut onder de bewoners van torens in probleemwijken. Een grote meerderheid van de ondervraagden zei zeer tevreden te zijn over hun woning, maar niet over de buurt en de sociale en economische impasse waarin de gemeenschap zich bevindt. 'Het zijn niet de architecten die de problemen van deze samenleving kunnen oplossen, en ze zijn er ook niet verantwoordelijk voor', concludeert Thivillier. 'Het probleem is dat we aan bepaalde architecturale vormen bepaalde maatschappelijke connotaties hebben gegeven. De toren heeft een slecht imago gekregen. Maar het is niet de schuld van de toren.'

Malika Matari heeft proefondervindelijk vastgesteld dat het afbreken van torens geen wondermiddel is voor de problemen van de samenleving. Matari woont in een torenflat in de Piramidewijk van Les Minguettes, maar ze werkt als sociaal assistente in de buurgemeente Fayzin. Dat was een vredig dorpje tot de bewoners van de verdwenen torens van Les Minguettes er werden geherhuisvest in een nieuwe wijk met alleen maar lieftallige, alleenstaande huisjes met tuintjes. Maar de problemen zijn dezelfde gebleven. Ze was pas nog op een rumoerige buurtvergadering, waar een politieman bijna over een balustrade werd gewipt. 'Je zou denken dat die tuintjes op zijn minst het probleem van de hangjongeren zouden oplossen omdat ze niet langer verplicht zijn om de straat op te gaan. Maar in plaats van onderaan de toren rond te hangen, doen ze dat nu aan het eind van de straat.' Fayzin is het volgende kruitvat, vreest Malika. 'Het is niet door mensen horizontaal te laten wonen in plaats van verticaal dat je hun problemen wegneemt.'

BEURGOISIE

De banlieue zit in de hoofden, niet in de gebouwen, zo weet ook Lumia Rahmani. Lumia en Ouahiba Mouchmouche zijn jeugdvriendinnen, maar ze hebben elkaar pas kort geleden teruggevonden, na een lange periode waarin ze elkaar niet zagen. In de tussentijd hebben hun levens diametraal tegengestelde wendingen gekregen. Lumia is doctorandus in de rechten geworden. Ze geeft les aan de universiteit van Lyon 2,

en overweegt een carrière in de internationale diplomatie. Ouahiba is in haar banlieue achtergebleven; ze heeft geen diploma en geen werk. Maar het had net zo goed andersom gekund, zegt Lumia. Ze herinnert het zich alsof het gisteren was: de dag waarop ze besefte dat de wereld van de banlieue niet meer de hare was. 'Ik kwam van mijn nieuwe school in Lyon, en op het station van Vénissieux kwam ik mijn vriendinnen uit de wijk tegen. Ik sprak hen aan zoals altijd, op de manier van de banlieue. Maar ik was vergeten hoe ik eruit zag: ik droeg een blazer, een plooirokje en een chemisier.' Het was de look van een prille *beurgeoise* (*beur* + *bourgeoise*, een geringschattende term waarmee de banlieue mensen aanduidt die het gemaakt hebben). Lumia's vriendinnen lagen dubbel van het lachen. Ze riepen: *'Olalala! La goironne!'* (een scheldwoord voor blanke Fransen). Een van de vriendinnen was Ouahiba.

Als het van de directie van het Jacques Brellyceum had afgehangen, dan was Lumia nochtans een typisch wegwerpproduct van de banlieue geweest: voorbestemd om vroeg en ongelukkig te trouwen – alles om het ouderlijke huis uit te komen – zonder diploma en met een loopbaan als poetsvrouw als enig toekomstperspectief. Dat was het vonnis dat de maatschappij over haar had uitgesproken toen op haar schoolrapport *'vie active'* werd genoteerd, het beroepsleven. Maar de directie rekende buiten Lumia's moeder. Dat was niet waarvoor de familie destijds naar Frankrijk was geëmigreerd. 'Mijn moeder heeft dat niet willen aanvaarden. Ze heeft een onderhoud gevraagd met de directeur en geëist mijn dossier te mogen inkijken. Mijn moeder, die op haar elfde moest stoppen met school en zichzelf pas op haar dertigste heeft leren lezen, heeft dat allemaal heel aandachtig bestudeerd. Toen heeft ze een beslissing genomen: ik werd naar de nonnetjes in Lyon gestuurd, een privéschool. En de nonnetjes hebben gedaan gekregen wat niemand voor mogelijk hield: ze hebben mij van de school laten houden.'

'De banlieue', zegt Lumia, 'plaatst obstakels op je weg, maar ze geeft je ook kracht. Uit de banlieue komen betekent dat je minder faciliteiten hebt. Het is moeilijker om goede punten te halen, een baan of een woning te vinden, om mensen tegen te komen die je kunnen helpen om vooruit te komen in het leven. Zelfs als je een diploma hebt, zullen ze altijd nog meer van je verwachten dan van iemand anders. Dat houdt nooit op: ook nu heb ik nog het gevoel dat ik altijd net iets beter moet zijn. Er wordt verwacht dat je onberispelijk bent op een manier die van een Jean-Louis niet wordt verwacht.

Maar de banlieue maakt je ook sterk. Tijdens mijn studie waren we met vier studenten uit de immigratie. Op een bepaald moment vroeg ik aan de pater die verantwoordelijk was voor de studenten rechten om een leeszaaltje te mogen gebruiken om mij op een examen voor te bereiden. Hij heeft dat keihard geweigerd. Ik was nog aan het discussiëren toen er een Frans meisje binnenkwam die vroeg of ze zijn schoolbord mocht lenen. Dat was geen enkel probleem.

Het was niet de eerste keer: telkens als de examens in aantocht waren, zei die pater tegen ons, de migrantenmeisjes, dat hij ons wel zou terugzien bij de herkansing. Ik voelde echt haat voor die man. Op zo'n moment wil je reageren op de manier van de banlieue. Maar ik wist dat dat zich alleen tegen mij zou keren; het is wat hij wilde. Ik moest die haat tot iets positiefs maken. Dus ben ik keihard gaan studeren voor dat examen en ik heb goede punten behaald. Ik ben teruggegaan naar die pater en ik heb hem gezegd: "Ziet u, père Bouzy, hoe meer obstakels u op mijn weg plaatst, hoe beter ik het ga doen. Ik ben u dankbaar." Sinds die dag zeiden we telkens als we aan een examen begonnen tegen elkaar: *"On va baiser le père Bouzy".* (We gaan pater Bouzy neuken.) Zijn discriminatie was voor ons een kracht geworden.'

GHETTO SUPER CLASSE

In een ideale wereld zou Lumia Rahmuni een rolmodel moeten zijn voor de banlieue, *ghetto super classe*, zoals men hier zegt. Maar voor de jongens van de banlieue, zo wil het cliché, is het rolmodel nog al te vaak Tony Montana, de hoofdpersoon van de Brian de Palma-film *Scarface*. Montana is een Cubaanse immigrant in Miami die eerst eerlijk aan de bak probeert te komen door hamburgers te verkopen, maar dan besluit een binnenweg te nemen en een succesvolle drugdealer wordt. Zijn motto: *When you get the money, you get the power; when you get the power, you get the woman.*

Tony Montana is pas echt 'ghetto super classe', zoals blijkt uit de talrijke referenties naar Scarface in de Franse rapmuziek. Al is er een evolutie merkbaar. In 1995 zong Ministère Amer nog *'Le monde est à moi / je suis Tony Montana'* (De wereld ligt aan mijn voeten / ik ben Tony Montana). Maar in 2001 zong de rapper Disiz la Peste: *'Rien à foutre de Tony Montana / Je préfère Amélie Poulain'* (Niks te maken met Tony Montana / geef mij maar Amélie Poulain).

Er zijn de laatste jaren ook positievere rolmodellen gekomen: de stand-upcomedians Djamel Debouzze en Gad Elmaleh, de voetballer Zinedine Zidane, de modeontwerper Mohamed Dia die internationaal doorbrak met de *streetwear* uit de banlieue. Maar met dat soort rolmodellen schieten we weinig op, zegt Djamel Ladghem, die in Les Minguettes voor de Mission Locale werkt, een dienst die probleemjongeren op het rechte pad probeert te krijgen. 'Integendeel. Zoals voor de *blacks* in Amerika zijn sport en cultuur op het moment zowat de enige sectoren waarin een jongen uit de banlieue het kan maken', zegt Ladghem. 'En dus wil iedereen de volgende Zidane worden. *Les jeunes içi se shootent au port.* Maar de kans dat zo'n jongen inderdaad een stervoetballer wordt, is bijzonder klein. En zodra hij dat beseft, is de desillusie enorm.'

Nee, dan is de kans groter dat zo'n jongen eindigt zoals Pierre Bafunta (33). Bafunta, van Kongolese afkomst, behoort tot het legertje van *animateurs de quartier* (straathoekwerkers) die de voorbije decennia massaal zijn ingezet in het kader van de *Politique de la Ville*, het Franse stadsbeleid. 'Wij waren de zekering die de kortsluiting moest voorkomen', zegt Bafunta.

Aanvankelijk leek het een mirakeloplossing. Je benadert de tieners, en je creëert meteen werkgelegenheid voor de twintigers. Maar het systeem lijkt zichzelf te hebben overleefd. 'Ik heb het gevoel dat ik de slaaf ben van een systeem. En ik ben niet alleen: er is een enorme *turnover* in de sector. Mensen willen geen straathoekwerker meer worden.' Bafunta zelf is een opleiding gaan volgen om aan het straathoekwerk te ontsnappen. Hij gelooft er niet meer in. 'Ik heb niet meer de indruk dat wij bezig zijn met de jongeren op te leiden. Wij dienen alleen om de jongeren te kalmeren. Het enige wat van ons verwacht wordt, is dat we de jongeren zoveel mogelijk bezighouden zodat ze niet voor problemen zouden zorgen. Men heeft ons gebruikt.'

De jongeren zelf haken ook af: de jeugdwerkers van het buurthuis van Les Minguettes doen hun best, maar ze moeten toegeven dat er hooguit 150 jongeren regelmatig langskomen op een totaal van zo'n 2500 jongeren onder de 25 jaar. Advocate Myriam

Matari (31), de jongere zus van Malika, heeft onlangs een studiereis gemaakt naar Palestina, en ze ziet gelijkenissen tussen de banlieuejongeren en de Palestijnse jongeren. 'In zekere zin voelen alle jongens in de banlieue zich Palestijnen. Ze identificeren zich met die slachtofferrol. Palestijnse jongeren verwerpen de internationale bemiddelingspogingen, het vredesproces, zoals de jongeren in de banlieue de sociale hulpverlening afwijzen. Omdat het volgens hen toch allemaal niets uithaalt.'

Myriam Matari heeft als advocate tal van jongeren verdedigd die tijdens de rellen van november vorig jaar werden opgepakt. Sociologen en filosofen op de Franse talkshows wisten destijds allemaal perfect wat de banlieuejongeren wilden zeggen door al die auto's in brand te steken. Maar opmerkelijk genoeg lijken de jongeren zelf daar geen enkel idee van te hebben. 'Het is frustrerend', zegt Matari. 'Je stopt uren in de voorbereiding van zo'n jongen, en wat is het eerste wat hij doet als hij de rechtszaal binnenstapt? Hij tutoyeert de rechter. En als die hem vraagt waarom hij heeft meegedaan aan de rellen, dan komt er niet meer uit dan: " 'k Weet het niet." Of: "Omdat iedereen het deed".' Soms, zegt ze, 'voel ik mij meer tolk dan advocaat. Deze jongeren hebben gewoon de woorden niet meer om met de buitenwereld te kunnen praten. In de jaren tachtig hadden ze nog een politieke boodschap: ze wilden erbij horen. Vandaag is de enige boodschap dat ze boos zijn.'

DE MARS

Niemand maakt dat generatieverschil duidelijker dan Djamel Attalah (42) en zijn zeventienjarige neef, die we Kadir zullen noemen. We zitten te praten in een kille en lawaaierige snackbar aan de voet van de toren Monmousseau Nr 2. Hier werd Kadir tijdens de rellen van vorig jaar tegen de grond geworsteld door een politieman die hem achterna zat. In zijn rapport schreef de agent dat hij Kadir herkende als een van de jongeren die met stenen naar de politie hadden gegooid. Kadir ontkent. 'Ze schrijven toch gewoon op wat ze willen?'

Kadirs oom Djamel was 23 jaar eerder, in 1983, zelf ook betrokken bij rellen in Vénissieux die nationale geschiedenis zouden maken. Het begon aan de voet van de inmiddels gesloopte toren Monmousseau Nr. 10, op een mooie zomeravond aan het eind van de ramadan, herinnert Djamel Attalah zich. 'We stonden met een stel vrienden te kletsen toen we plots gekrijs hoorden. We lopen ernaartoe en zien hoe een politiehond een jongen uit de buurt aan het bijten is. Mijn vriend Toumi Djaidja heeft de hond gegrepen.' Het is toen dat het schot is gevallen. 'Ik heb Toumi vastgenomen. Ik herinner mij hoe mijn hand warm werd van zijn bloed. De politie heeft de hond ingeladen en is vertrokken. Ze hebben niet eens een ziekenwagen gebeld; dat heb ik zelf moeten doen.' Enkele uren later werden Les Minguettes, de hoogbouwwijk van Vénissieux, omsingeld door de oproerpolitie. 'C'était la bagarre générale', zegt Attalah, 'het gevecht tussen de politie en de jongeren van de wijk heeft drie tot vier uur geduurd. Ondertussen was Toumi in het ziekenhuis voor zijn leven aan het vechten.'

Het verschil tussen de twee rellen was dat die van 1983 aanleiding gaf tot de Mars voor de Gelijkheid en tegen het Racisme, door de Franse media omgedoopt tot de *Marche des Beurs*. (*Beur* staat voor Arabier in het *verlan*, de Franse straattaal die woorden opsplitst in lettergrepen en ze vervolgens omkeert). De mars bracht in oktober 1983 honderdduizend man op de been in Parijs. Toumi Djaidja en Djamel Attalah werden door president François Mitterand in audiëntie ontvangen. Attalah en zijn generatie hadden een boodschap voor Frankrijk: 'Dat er in uw midden een jeugd bestaat die misschien een andere huidskleur en krulhaar heeft, maar die daarom niet minder Frans is. Wat wij wilden zeggen was: wij bestaan, wij maken deel uit van deze natie, wij zijn Fransen.'

Vraag vandaag aan de zeventienjarige Kadir – in Frankrijk geboren met de Franse nationaliteit – hoe hij zichzelf definieert en hij antwoordt meteen: moslim. Niet: Fransman. Zijn oom Attalah, die ondanks alles is blijven geloven in de waarden van de Republiek, kan dat niet zomaar aanvaarden. Hij dringt aan: 'Maar denk je dan niet dat je tegelijk moslim én Fransman kunt zijn?' 'Nee, dat is niet mogelijk', zegt Kadir stug. 'Waarom niet?' 'Omdat het niet mogelijk is.' 'Maar waarom niet?' 'Dat komt door de Fransen.'

Kadir is nog maar net teruggekeerd naar het ouderlijke huis. Zoals veel van zijn leeftijdsgenoten was hem na zijn arrestatie door de rechter een 'verwijderingsmaatregel' opgelegd. Dat wil zeggen dat hij zich drie maanden lang niet in Les Minguettes mocht vertonen, behalve om naar school te gaan. Elke och-

De islam is in volle opmars in de banlieue. Jongeren die afhaken van de sociale hulpverlening zijn een gemakkelijke prooi voor radicale predikanten.

tend en avond moest hij zich melden bij het politiebureau van het 7de arrondissement in Lyon. 'Gelukkig kon hij logeren bij een tante in Lyon', zegt Attalah. 'Het is echt geen slechte jongen. Hij is altijd braaf naar school gegaan.'

Maar braaf zijn, zegt Kadir zelf, is vandaag de dag geen optie in de banlieue. 'De banlieue is geen plaats voor zwakkelingen. Je moet voortdurend op je hoede zijn, en op geen enkel moment een teken van zwakte tonen.' Dat verklaart mogelijk waarom Kadir zich die avond op straat bevond toen de buurtjongeren in een veldslag waren verwikkeld met de oproerpolitie. 'Ik was daar omdat iedereen daar was', zegt hij. Datzelfde heeft hij tegen de rechter gezegd.

Wat is het wereldbeeld van een jongen als Kadir? Om te beginnen gelooft hij niets van wat de media hem vertellen. 'Osama Bin Laden, *c'est un coup monté*, dat is allemaal verzonnen', zegt hij. Hetzelfde geldt voor 11 september. 'Ze zijn bereid om hun eigen landgenoten op te offeren om een excuus te hebben om de islamitische wereld aan te vallen.' Hij gaat nog een stapje verder: 'Hoe moet Hitler zes miljoen joden verbrand hebben in ovens? Ik geloof dat niet. Of misschien hebben de joden dat zelf gedaan om zichzelf als slachtoffers te kunnen voorstellen.' Ook aids is *un coup monté*. 'Ze hebben allang een vaccin maar ze houden het voor zich.' 'Ze', dat zijn voor Kadir, *les envahisseurs*, de indringers. 'Weet ik veel: de Amerikanen, de joden... Dat is top secret allemaal. Het is een grote manipulatie die al eeuwen duurt.'

Kadir heeft het gevoel dat alles al voor hem beslist is, door diezelfde 'indringers'. Over zijn toekomst maakt hij zich geen illusies. Zijn enige toekomstdroom is naar Thailand te gaan. Een vriend van hem was daar eens op vakantie en zag er tot zijn verbazing hoe jongens als hij door de uitsmijters de discotheken werden binnengesleurd in plaats van buitengehouden, zoals in de pubs van Lyon. Dat wil Kadir wel eens met zijn eigen ogen zien.

ISLAMISERING

Kadir noemt zich dan wel een moslim, maar zijn godsdienstbeleving is niet het soort waar Malika Matari zich over opwindt. Onderaan haar toren in de Piramidewijk hebben de salafisten (een radicale vorm van islam die de woorden van de profeet letterlijk interpreteert) een lokaaltje van de groendienst ingepalmd dat al langer dienst doet als gebedszaal. Vroeger was het gematigd, tot de salafisten er een minicoup pleegden en een nieuw slot op de deur zetten. Nu gebeurt het dat Malika, die geen hoofddoek draagt, haar toren verlaat en de salafisten op de grond voor haar voeten spuwen.

De zussen Matari zijn – een beetje onkarakteristiek voor een Algerijns migrantengezin – niet in de banlieue, maar in een dorpje in de buurt opgegroeid. Als Malika vandaag in een toren in de banlieue woont, is dat een bewuste keuze, want met haar salaris als sociaal assistent in de buurgemeente Feyzin zou ze zich ook een appartement in Lyon kunnen veroorloven, zoals haar zus Myriam. 'Maar als iedereen die een beetje slaagt in het leven hier wegtrekt, blijft er straks alleen doffe ellende over. Plus, men denkt dat de banlieue zo'n vreselijke plaats is om te wonen. Maar als je een goeie baan hebt, kun je hier goed wonen. Ruim en goedkoop, met veel groen.'

Goed, er zijn ongemakken. Ikea en Pizza Hut leveren niet aan huis in Les Minguettes. In de zomermaanden zijn er de rodeo's met gestolen auto's die op het eind in brand gestoken worden onderaan haar toren. Maar sinds het gemeentebestuur paaltjes heeft gezet rond het grasperk zijn de rodeo's naar andere oorden vertrokken. Haar dokter is uit de wijk weggetrokken omdat hij het beu was om alleen maar antidepressiva voor te schrijven. Eind februari was er een betoging van dokters en tandartsen die protesteerden tegen een nieuwe misdaadtrend: overvallen op dokterspraktijken waarbij zowel de artsen als de patiënten van hun geld worden beroofd.

En het is ook knap vervelend als de buurtjongeren weer eens een bus hebben bekogeld, en de bestuurders uit protest in staking zijn gegaan. Dan moet Malika, samen met duizenden andere bewoners van Les Minguettes, te voet van het station naar huis. Het is een flinke wandeling en bovendien bergop. 'Op zo'n moment haat je die jongeren uit de grond van je hart. Je zou er bijna van op het Front National gaan stemmen.' (Dertig procent van de kiezers in Vénissieux hebben dat tijdens de laatste gemeenteraadsverkiezingen ook gedaan.)

Maar waar Malika echt kwaad van wordt, dat is van de mensen die eropuit lijken te zijn om van haar banlieue een islamitische republiek te maken. 'Twee jaar geleden hebben de winkeliers in mijn buurt plotseling besloten dat ze de zaak sloten voor de ramadan. Daar sta je dan zonder eten en sigaretten.' Malika ziet haar geliefde banlieuewereld steeds kleiner worden. De pizzatent in de buurt laat ze links liggen omdat die vol met salafisten zit. 'Ik heb geen zin om het internationale terrorisme te financieren.' En ze is ermee opgehouden mannen uit de buurt met een kus te begroeten 'omdat er zoveel zijn die zeggen dat ze dat niet meer doen omwille van de religie'.

Het enige waar ze nog kwader van wordt, is van haar zus. Myriam is principieel gekant tegen mensen zoals Malika, die zeggen dat het nog zo slecht niet is in de banlieue. En ze heeft haar twijfels over het sociale werk dat haar zus doet. 'Dat is een slaapmiddel. De banlieue is iets waar je tegen moet vechten, niet iets wat je moet proberen in stand te houden.' Het is dat ze advocate is, zegt ze vurig, 'of ik zou meehelpen met auto's in brand te steken.'

GENTRIFICATIE

Schepen Thivillier heeft een iets minder drastisch plan: hij wil Les Minguettes met een verdwijntruc wegtoveren. De gemeente Vénissieux heeft een ambitieus *Grand Projet de Ville* (GPV) waarmee zij het aanzicht van de gemeente drastisch wil veranderen. Door stedenbouwkundige ingrepen wil men de verschillen tussen de verschillende wijken, Les Minguettes, de paviljoenen, de oude dorpskern, wegwerken. 'Bedoeling is dat mensen tegen 2015 opnieuw zeggen dat ze van Vénissieux zijn in plaats van Les Minguettes. Dat Les Minguettes gewoon een wijk van Vénissieux is zoals alle andere.'

Een belangrijk element in het GPV is de aanleg van een sneltram naar Lyon. Het is altijd een strijdpunt geweest in Vénissieux dat de regionale vervoersmaatschappij destijds de metro heeft doen stoppen op enkele kilometers van Les Minguettes. Een bewuste isolatiepolitiek, zo vond ook burgemeester André Gerin die in 1986 een symbolisch metrostation liet optrekken in Les Minguettes om daartegen te protesteren.

Maar er zijn ook subtielere veranderingen. Een daarvan is wat Thivillier de 'residentialisering' noemt. 'Ik weet het: het is een lelijk woord. Wat we aan het doen zijn, is dat we per toren het domein afbakenen dat bij die toren hoort.' Het is afstappen van het principe van de collectiviteit dat aan de basis lag van de hoogbouwwijken. 'Waar men destijds niet bij stilgestaan heeft, is dat die collectieve ruimte tussen de torens niet als dusdanig werd ervaren, maar veeleer als een ruimte die aan niemand toebehoort, en waarvoor men zich dan ook niet verantwoordelijk voelt.'

Opmerkelijk is dat de banlieue, ondanks haar slechte faam, opnieuw in trek is. Bedrijven worden gelokt met belastingvoordelen en beveiligde terreinen. Tegenover mijn toren ligt een gloednieuw parkeerterrein dat adverteert met permanente bewaking. Gekoppeld aan Thivilliers 'residentialisering' is er niet veel verbeelding nodig om zich voor te stellen dat hier in de toekomst een soort *gated communities* zouden kunnen ontstaan: goedbewaakte flats voor de betere burger die zich de hoge huurprijzen van het stadscentrum niet meer kan veroorloven.

Ajad Abdelali, een jongen uit de buurt die politieke wetenschappen studeert in Parijs, neemt in dat verband nu al het woord 'gentrificatie' in de mond. 'De vraag is dan wat er met de allerarmsten gebeurt. Het volstaat de som te maken: in de nieuwe, kleinere appartementsgebouwen en eengezinswoningen die momenteel worden opgetrokken, kun je nooit hetzelfde aantal mensen logeren als in de oude torens. Nu al ziet men dat sommige bewoners uit afgebroken torens in Les Minguettes niet meer terugkeren, maar geherhuisvest worden op grote afstand van Lyon. Het gevolg is dat de kansarmsten opnieuw in een verdomhoekje worden gezet.'

BIOGRAFIEËN

JO BRAEKEN (°1957), is architectuurhistoricus en erfgoedonderzoeker bij het Vlaams Instituut voor het Onroerend Erfgoed. Daarnaast is hij conservator van het Renaat Braem Huis en het Renaat Braem Archief. Hij publiceerde over de Belgische architectuur van de 19de en de 20ste eeuw en was in 2005 curator van de tentoonstelling Renaat Braem en het Middelheimmuseum, Beelden van een paviljoen. Momenteel richt zijn onderzoek zich op de oeuvrecatalogus van Renaat Braem en de naoorlogse architectuur in België.

SVEN GROOTEN (°1971), diploma architect (Henry van de Velde-Instituut, Antwerpen, 1995), postacademische opleiding (Berlage-Instituut, Amsterdam, 1995-1997). Richt samen met Evert Crols en Dirk Engelen het ontwerpbureau B-architecten op (1997) en richt samen met Oscar van den Boogaard en Steven Van Watermeulen BLITZ vzw (2003) op.

DIRK LAUREYS (°1963) is licentiaat moderne geschiedenis en graduaat in de media- en informatiekunde (KULeuven). Hij is als wetenschappelijk medewerker verbonden aan het Architectuurarchief van de Provincie Antwerpen, dat ressorteert onder het Provinciebestuur van Antwerpen. Hij publiceerde over uiteenlopende onderwerpen. Hij was onder meer redacteur en auteur van *Bouwen in Beeld. De collectie van het Architectuurarchief van de Provincie Antwerpen* (2004) en medeauteur van het recent verschenen *Van sprookjestuin tot modelstad. Antwerpen 1930 en de tentoonstellingswijk.*

PIET LOMBAERDE (°1948) is hoogleraar aan de Associatie Universiteit en Hogescholen Antwerpen (departement Ontwerpwetenschappen). Hij is burgerlijk ingenieur architect en doctor in de stedenbouw en ruimtelijke ordening (KULeuven), voorzitter van de Vakgroep Menswetenschappen aan het Hoger Instituut voor Architectuurwetenschappen Henry van de Velde en stichtend lid van het Centrum voor Stadsgeschiedenis (UA, departement Geschiedenis). Piet Lombaerde werd bekroond met het Samuel H. Kress Fellowship (Society of Architectural Historians). Hij is tevens uitgever van de internationale reeks *Architectura Moderna* (Brepols Publishers) en auteur van talrijke publicaties over 16de- en 17de-eeuwse architectuur, steden- en vestingbouw in de Nederlanden en over vestingbouw in het algemeen.

ANNELEEN MASSCHELEIN (°1971) werkt als docente literatuurwetenschap aan de universiteiten van Leuven en Amsterdam en is redactrice van *Image and Narrative* en *Nieuw Zuid*. Haar boek, *The Unconcept*, over het unheimliche verschijnt in 2007 bij SUNY University Press (Buffalo, NY). Ze publiceerde over uiteenlopende onderwerpen zoals theorievorming en conceptualisering, en de relatie tussen literatuur, psychoanalyse, fotografie, film en architectuurtheorie.

BART MOEYAERT (°1964) debuteerde met het autobiografische *Duet met valse noten* in 1983. Schrijven is sinds 1995 zijn beroep. Zijn werk wordt door critici poëtisch, sfeervol en filmisch genoemd. De boeken zijn vaak bekroond in binnen- en buitenland en tot hiertoe in zeventien talen verschenen. Ze worden gelezen door alle leeftijden, wat hem een aparte plek geeft binnen de literatuur. Moeyaert beperkt zich niet tot het schrijven van boeken. Hij is eveneens schrijver van scenario's en toneelstukken én staat ook regelmatig op een podium als verteller, voorlezer of een enkele keer als acteur. Bovendien vertaalt hij uit het Duits, Engels en Frans. Met *Verzamel de liefde* is hij in 2003 gedebuteerd als dichter, en in januari 2006 werd hij officieel voor twee jaar aangesteld als stadsdichter van Antwerpen.

OSCAR VAN DEN BOOGAARD (°1964) groeide op in Suriname en Nederland. Hij studeerde Rechten in Montpellier, Amsterdam en Brussel. Na korte tijd op een internationaal advocatenkantoor te hebben gewerkt koos hij voor het fulltime schrijverschap. Sinds zijn debuut *Dentz* in 1990 verschenen vele romans en toneelstukken. Zijn werk werd veelvuldig genomineerd en vertaald. Zijn laatst verschenen roman is *Het verticale Strand* bij De Bezige Bij.

GERT VAN LANGENDONCK (°1966) is freelancejournalist. Hij werkte jarenlang voor de krant *De Morgen*, waar hij onder meer chef-buitenland was, en correspondent in New York en Irak. Momenteel publiceert hij onder meer in *NRC Handelsblad* (Nederland) en *Die Zeit* (Duitsland). Karim Ben Khelifa is een freelancefotograaf van Belgische afkomst en is gebaseerd in Parijs.

MARC VAN POTTELBERGHE (°1951) is licentiaat Nieuwste Geschiedenis (RUG, 1974). Hij is sinds 1985 bij KBC (toen Kredietbank) archivaris van het Historisch Archief van de bank en combineert dat met andere opdrachten (momenteel is hij adviseur Maatschappelijke Betrokkenheid). Marc Van Pottelberghe was in 1985 reeds medeverantwoordelijk voor de tentoonstelling en de brochure 'Het Torengebouw te Antwerpen. De geschiedenis van een stedelijk landschap'.

STEVEN VAN WATERMEULEN (°1968) studeerde aan het conservatorium van Antwerpen. Voor zijn rol in *De Wespenfabriek* kreeg hij de Louis d'Or als beste mannelijke acteur in 2001. Samen met Sarah de Roo, Oscar van den Boogaard en de B-architecten maakte hij *Lucia Smelt* voor Toneelgroep Stan. Als regisseur maakte hij naar de film *Last Tango in Paris* van Bertolucci een voorstelling met dezelfde titel, *Sterremix* en *Nest* van Oscar van den Boogaard. Hij werd samen met Oscar van den Boogaard en Sven Grooten (B-architecten) gevraagd als curator voor de tentoonstelling *Rimbaud in Brussel, Een seizoen in de hel*. Sinds 2005-2006 behoort hij tot het ensemble van NTGent.

BRUIKLEENGEVERS & CURATOREN
VAN DE TENTOONSTELLINGEN HOGER | HIGHER | PLUSHAUT

TORENSTAD
Antwerpen, Rockoxhuis
Antwerpen, Stadsbibliotheek
Antwerpen, Sint-Carolus Borromeuskerk
Antwerpen, Rubenianum
Antwerpen, Colliers EPMC NV
Antwerpen, FotoMuseum Provincie Antwerpen
Antwerpen, Museum Plantin-Moretus/Prentenkabinet:
collectie Prentenkabinet
Antwerpen, Museum Vleeshuis
Antwerpen, Nationaal Scheepvaartmuseum
Antwerpen, Volkskundemuseum
Antwerpen, Koninklijk Museum voor Schone Kunsten
Antwerpen, Onze-Lieve-Vrouwekathedraal
Antwerpen, Museum aan de Stroom
Antwerpen, Antiquariaat Oude Borze
Antwerpen, privéverzamelingen
Brussel, Verzameling Architecture Archive – Sint-Lukasarchief vzw,
architectuurarchief Huib Hoste
Brussel, Koninklijke Musea voor Schone Kunsten van België
Brussel, Koninklijke Bibliotheek van België
Leuven, Maurits Sabbebibliotheek
Leuven, KULeuven, Centrale Bibliotheek
Amsterdam, Rijksmuseum
Amsterdam, Nederlands Scheepvaartmuseum
Amsterdam, Universiteitsbibliotheek (UvA)
Den Haag, Koninklijke Bibliotheek
Berlin, Stiftung Preußischer Kulturbesitz,
Staatliche Museen zu Berlin, Kupferstichkabinett
Koblenz, Staatliche Museen, Mittelrhein Museum
London, University College London, Library Services, Special Collections
London, Sir John Soane's Museum
Armées, Service Historique de la Défense, la Marine
Paris, Fondation Le Corbusier
Paris, Archives Nationales

CURATOREN
Piet Lombaerde, hoogleraar Associatie Universiteit en Hogescholen
Antwerpen (departement Ontwerpwetenschappen)
Hildegard Van de Velde, conservator Rockoxhuis, KBC

CONCEPT & VORMGEVING
Sven Grooten en **B-architecten**

BOERENTOREN & CO
Antwerpen, Architectuurarchief Provincie Antwerpen
Antwerpen, FotoMuseum Provincie Antwerpen
Antwerpen, privéverzameling De Meyer
Antwerpen, privéverzameling Peeters
Antwerpen, privéverzameling Smolderen
Antwerpen, privéverzameling Van Aerde
Antwerpen, privéverzameling Van Coillie
Antwerpen, privéverzameling Vanhoenacker
Antwerpen, privéverzameling Vercammen
Brussel, Archives d'Architecture Moderne
Brussel, Vlaams Instituut voor het Onroerend Erfgoed
Deurne, Renaat Braem Huis
Gent, Design museum
Zwijndrecht, Algemene Aannemingen Van Laere

CURATOREN
Jo Braeken, erfgoedonderzoeker, Vlaams Instituut voor het
Onroerend Erfgoed
Dirk Laureys, wetenschappelijk medewerker, Architectuurarchief
Provincie Antwerpen
Marc Van Pottelberghe, archivaris Historisch Archief KBC

CONCEPT & VORMGEVING
Sven Grooten en **B-architecten**

INITIATIEFNEMERS

SUBSIDIËNTEN EN PARTNERS

MEDIAPARTNERS